不《ふ》干《かん》斎《さい》ハビアンの思想

キリシタンの教えと日本的心性の相克

梶田叡一

創元社

プロローグ

本書は、山本七平の言う「典型的な日本教徒」〝不干斎ハビアン〟の思想と生涯を、その主要著作の内容を検討することを通じて見ていこうとするものである。この作業を通じて、一九六〇年代の〈第二バチカン公会議〉で大転換する以前の伝統的なキリスト教カトリック——往時のキリシタン——の在り方が、日本社会の精神文化のなかにどのように迎えられたか、日本人の心の奥底に強い違和感を与えるものは何であるのか、についても考えてみたい。

ちなみに、山本七平は「日本教徒」について、次のように語っている。[†1]

〔日本人は〕日本教徒などという自覚は全くもっていないし、日本教などという宗教が存在するとも思っていない。その必要がないからである。しかし日本教という宗教は厳として存在する。これは世界で最も強固な宗教である。というのは、その信徒自身すら自覚しえぬまでに完全に浸透しきっているからである。日本教徒を他宗教に改宗さすことが可能だなどと考える人間がいたら、まさに正気の沙汰ではない。この正気とは思われぬことを実行して悲喜劇を演じているのが宣教師であり、日本教の特質なるものを逆に浮彫りにしてくれるのが「日本人キリスト者」〔である〕……。

山本七平は、そうした日本教徒の聖者であり殉教者として西郷隆盛を挙げる。また日本教の『創世記』の現代的表白として、夏目漱石の『草枕』の初めの方に述べられる主人公の述懐「人の世を作ったものは神でもなければ鬼でもない。やはり向う三軒両隣りにちらちらする唯の人である。……」を引用する。

さらに、日本教の祖形を示す人物として、信長の時代に生れ、秀吉・家康・秀忠の時代を生きた一人の日本人、人生の最盛期をキリシタン宣教者として活躍しながらも晩年には棄教排撃者となるハビアンを大きくクローズアップする。そして、次のように述べる。[†2]

「日本教徒」が寓意でなく「実在」することは、彼（ハビアン）が証明している。何ものにも動かされない、独特の「世界」を自らのうちにもった一人物が、ここにいる。だが彼はその世界を一度も積極的に提示せず、いわば「消去法」で提示しているのである。そしてその提示の仕方も、今の日本教徒と同じである。ハビアンは、私に「日本教徒」という言葉を造語させた一人であり、そしておそらく現代の日本人の祖形であると私は見る。

現代日本社会におけるキリスト教

実のところ、日本人には結局のところ伝統的キリスト教は合わなかったのではないか、という思いが私には強くある。ここで言う伝統的キリスト教とは、あくまでも欧米型既成宗教としてのカトリックやプロテスタントのことであるが。

私自身、誕生してすぐに洗礼を受けたカトリック信徒（＝現代版キリシタン）として、長い人生を送ってきた。しかしながら、山本七平流に言えば、やはり日本教カトリック派の一人ではなかったか、という思いがないではない。

思い起こせば、幼児であった太平洋戦争の最中には、山陰の片田舎米子の街で教会を訪れる人など殆ど誰もいなかった。律儀なカトリック信徒であった私の両親と共に毎日曜日のミサに出席してはいたが、それも神父がドイツ人で日本と共に枢軸側同盟国として戦っている国の人であるということからの例外的扱いであった。アメリカ人やフランス人などの神父は、既に収容所に入れられるか国外追放されるかしており、多くの教会では兵役や徴用を免れた日本人老神父が細々と日曜日のミサをするという状況であった。とはいえ、ドイツ人の神父にも私の両親にも、当然のことながら、常に特高の目が光っていた。

ところが一九四五年の敗戦の後、突如として、米子の小さな教会も超満員の盛況となった。

そして、田舎の小さな街であったにもかかわらず、大きな教会行事の折などには、大勢の老若男女の信徒達が、籠に盛った花びらを撒きながら進む女の子達を先頭に立て、長い行列を作って街中を行進するほどになった。しかしそうした盛況も、数年後には転機を迎える。そして、その退き潮は緩やかながらも現在にいたるまで続き、日本のカトリックの多くの教会が、老婦人を中心としたささやかな集いのものになっているのが現状である。

日本のカトリック信徒の数は、公式な統計（帳簿上）で二〇一〇年十二月末には四五万人弱であるが、日曜日に教会に行く人（実質的な信徒）は、一一万人余でしかないという（いずれもカトリック中央協議会発表）。日本の全人口との比率で言うと、帳簿上で〇・三％強、実質的には〇・一％弱、ということになる。プロテスタント諸派の総計も、大体カトリック信徒の数字とほぼ同様であり、日本社会におけるキリスト教徒の全体数は、公式の数字で一〇〇万人以下（全人口比一％以下）、実質では二〇万人程度（〇・二％以下）でしかない。

明治以降の布教活動のなかで、キリスト教系の学校が各地に設立され、また敗戦後の占領当局は日本統治政策の一環として、各国から新たにキリスト教系の学校を日本に誘致したこともあって、現在でも各地にカトリック系やプロテスタント系の高等学校や大学が数多く存在する。また、クリスマス行事だけでなく、教会でのキリスト教式による結婚式や葬式も現在の日本社会では見慣れたものとして定着している。しかしながらそうした現象は、見かけ上の社会的存在感をキリスト教に対して与えているだけであり、実際には日本社会においてのキリスト教は、絶対的なマイノリティでしかない。

ちなみに、お隣の韓国ではカトリック人口が四〇〇〇万人余りで全人口の一〇％近く、プロテスタントを合わせるとキリスト教徒の総数は一〇〇〇万人を超えて全人口の三〇％近く、という状況である。これは日本の場合と大違いである。それだけでなく、イスラム教の国と言ってよいイラクでも、カトリック信徒だけで全人口の一％を超えており、やはりイスラム教の国であるインドネシアでも、カトリック信徒だけで全人口の三％近くを占めている。


日本社会においてキリスト教徒の信徒数が非常に少ないままである、ということの事実からだけでも、日本の伝統的な文化なり伝統的な思考様式なりに、従来の欧米型キリスト教は基本的に合っていないのではないか、と思わせられるものがある。欧米的な文化伝統や思考様式を基盤として発展展開してきた既成キリスト教は、日本人にとってどこか違和感のある特殊な存在であったと考えてよいのではないだろうか。

十六世紀半ばからのキリシタン（＝カトリック）の伝来が、一時的にはかなりの成功をおさめながらも、政治的な弾圧の下であったとはいえ、跡形もなく日本社会から消滅してしまったことを考えても、また表面的な転宗を装ったごく一部の潜伏キリシタン（隠れキリシタン）の信仰内容が、長い年月のあいだに土俗化して日本的なものに変形し、元のキリスト教（＝カトリック）の信仰とは全く異なったものになっていったことを考えても、日本社会と伝統的な既成キリスト教とのミスマッチなり異和性ということが考えられてならない。

「父性的宗教と母性的社会の不適合」なのか

これまでにも、伝統的な既成キリスト教は日本人なり日本文化なりに基本的な点で合っていないのでは、という問題提起がしばしばなされてきた。若い頃にキリスト教に改宗しながら、ある年齢段階になるとキリスト教を捨てて批判する側にまわるといった作家など文化人は、特に明治、大正、昭和初期の時期に多くみられた。その一人である正宗白鳥は晩年に次のように書いている。[†3]

私はキリスト教を苛烈な宗教だといつのまにか思うようになった。殉教を強いられていることに気づくようになった。キリストが十字架を背負ったのだから、信者も十字架を背負わなければならぬ。真に信者という名に値している信者はみんな教えに殉じているのである。……

武田清子は、この正宗白鳥の述懐を「『日本』が『キリスト教に直面してその中に見出す壁』」として考えているように見える。そして、遠藤周作の言葉を引いて次のように述べる。[†4]

遠藤周作は、かくれ切支丹にとつてのマリア観音の問題にも言及し、この裏切り者、転び者のふかい哀しみにとって母性「マリア」の愛、すなわち、怒りの父ではなくてやさしい母のイメージが必要であったと言い、ここにキリスト教における「父」の宗教から「母」の宗教への移行が見られると言う。これら転び切支丹たちのキリスト教が司祭や修道士の指導を離れて日本化するにしたがい、「父の宗教」から「母の宗教」へ移行しはじめたというのである。そして、さらに、正宗白鳥は日本人であるゆえに体質的に、感覚的に「父の宗教」より「母の宗教」に心ひかれているにもかかわらず、そして、キリスト教の中に母の宗教も含まれているにもかかわらず、キリスト教を「父の宗教」としか考えなかった、この誤解のゆえにキリスト教を捨てたのだと遠藤周作は言う（「父の宗教・母の宗教」）。

しかしながら、こうした指摘に対しては、殉教を強いるほどの苛烈さは日本の宗教に本来存在しないのか、日本の宗教には厳しい「父の宗教」的要素はもともと存在しないのか、という根本的な疑問がある。自らの信仰なり信念なりに殉じるということは、日本の文化的伝統においても（つまり「日本教」においても）必ずしも異質なものではない。

例えば、織田信長や徳川家康を初めとして数多くの戦国大名を悩ませた一向宗（戦国時代当時の浄土真宗）の信仰の強さのことを思い起こしてみたい。彼らは殉教を厭わず戦ったからこそ、一向一揆がことのほか手強かったわけである。また、江戸幕府からキリシタンと並んで弾圧された不受不施派（日蓮宗の一派）の人たちが持った信仰なり信念なりも、苛烈さという点ではキリシタンにいささかも引けを取るものではない。さらに言えば、秀吉に死を賜った千利休、家康に死を賜った古田織部が、従容として自らの茶人としての信念と誇りに殉じていった姿など、まさに殉教そのものであろう。それだけではない、そもそも「武士道」と呼ばれてきた日本の伝統的な精神のあり方自体が、まさに自己の生き方を貫徹するために「死」を前提とする、というものではなかったであろうか。たとえば十八世紀初頭、山本定朝の言葉を伝える『葉隠』の基本精神として「武士道といふは、死ぬ事と見付けたり」ということがよく語られる。この言葉に象徴されるように、自己一身の安泰安楽を願うのでなく、いささかも死を恐れず自らの信念の貫徹を追求する、といった美学は、武士としての生き方の大事な柱となっていたのではないだろうか。

いずれにせよ、キリスト教と日本人との相性の悪さは、遠藤周作の言う意味での「父性的宗教」と「母性的社会」との矛盾相克といった単純なものではない。

そもそもキリシタン＝カトリックの故国ともいえるイタリアやポルトガル、スペインなど南ヨーロッパ諸国に根強いマリア信仰は、彼の地のキリスト教を著しく母性的なものにしていると言ってよいであろう。何があってもまずマリア像の前に跪いて熱心に訴え掛け懇願している姿は、現在でも南ヨーロッパ諸国では庶民の間のポピュラーな習俗である。

また、カトリックの聖人たちは、それぞれ特有の御利益をもたらす存在であるとして、南ヨーロッパ諸国の庶民の間で今でも根強い信仰を集めている。歯が痛いときには聖ドミニコに祈ればいいし、無くし物を見つけるためには聖アントニオに祈ればいい、といった具合である。またそれぞれの町は特別な保護の聖人を持っており（ナポリなら聖ジェンナーロ、フィレンツェなら聖ジョヴァンニ）、町の安全と繁栄のために保護の聖人の祭りを町を挙げて大々的におこなうのが通例である。これは心情的には「多神教」に他ならないであろう。

日本のキリシタン信仰が、実際にはこうした南ヨーロッパ諸国からの宣教師によって伝来したことを考えるなら、基本的な教義上の表現はともかく、実質的には母性的かつ多神教的な色彩の強い習俗とメンタリティの導入があったわけである。「母性的文化」「多神教的文化」の国である日本との相性は、少なくとも心情的な面においては、むしろ良好なものであったと言ってよいのではないだろうか。

イエスのメッセージを忘れたキリスト教

日本人と伝統的な既成キリスト教との相性の悪さは、「母性的・父性的」といった次元とは異なった、もっと別の背景を持っているのではないか、というのが私の予感である。

具体的には、伝統的な既成キリスト教がイエスの教えそのものよりも、「唯一絶対の神との契約に基づく律法の順守」というモーゼ教的な面に傾きがちであり、また「イエスは人類の罪の償いのための生贄として十字架上で死を迎えた」というパウロ教的な神学に彩られていることによって、生身の人間が喜怒哀楽を持って生きる、という姿から遠ざかってしまっていることと関係しているのではないだろうか。

例えば私自身、日曜日のミサにおいて、「野の花を見よ」とか「敵をも愛せよ」といったイエスの言葉が読み上げられるようなとき、自然に涙が込みあげてくることがある。「神の内に生かされて在る我」の自覚を促すメッセージである。

十六世紀から十七世紀のキリシタンたちの耳に、こうしたイエスのメッセージはどのように響いていたのであろうか。「敵は改宗させて被支配者とするか、さもなくば殺してしまえ」というのが、当時の宣教師たちが背後に持っていた、自己絶対視的なポルトガルやスペインなど南ヨーロッパ的な文化であった。そして南アメリカやアフリカなどの地域では、実際にキリスト教の布教という旗印を掲げての「征服」と「植民地化」を進めてきたわけである。

果たして、単なる慣用句以上の意味をもつものとして、当時の宣教師たちはイエスのメッセージを説いていたのであろうか。いや、そもそもイエスのメッセージ自体、当時の日本人キリシタンの耳に届いていたのであろうか。こうした根本的な疑問にどうしてもこだわりたくなるのである。現代のキリシタン＝カトリックの場合であっても、こうしたイエスのメッセージが十分には届かないまま、公教要理に代表されるパウロ教的な公式教義というイデオロギー体系（＝コスモロジー）を受容・信奉することのみを重視している、という印象を否めない。だからこそ衰微していっている、と思われてならないのである。

既成宗教としての伝統的なキリスト教の教義と、イエスの教えなりメッセージなりとは、長年月のあいだ全くの別物であった。これは、仏教各派の教義と釈迦のメッセージとが、別物と言えるほどの距離をもってきたのと同様である。新約聖書の四つの福音書に載せられたイエスの教えのみを取り出して読み返してみるとき、こちらの方なら日本人にもピンとくるところが少なくないのではないか、という率直な思いを持たざるを得ない。

既成キリスト教が、教義上はユダヤ教の伝統をひいて厳格な一神教的原理を持ち、絶対的な帰依を要求する自己絶対視の宗教であるのに対し、イエス自身が述べたところは、柔軟であり、寛容であり、「現実の生」に深く足を降ろしている。「良きサマリア人の譬え」「安息日に麦の穂を摘んだ弟子についての弁護」などに、典型的に見られるとおりである。

だからといって、イエスのメッセージはいささかも母性的なものでない。また、家父長的な意味での父性原理に立つ教えでもない。本書で検討するキリシタンの思想に関連して、このことは、大前提として頭の片隅にでも置いておくべきではないだろうか。日本に入ってきたキリシタンの教えが、イエスのメッセージを中心としたものであったなら、その後のキリシタンの運命も異なったものになったのではないか、という思いが私にはどうしても残らざるをえないのである。

一九六〇年代初頭の第二バチカン公会議で、カトリック教会は、イエスのメッセージへの立ち返りを志向した。そして、カトリック教会の外部にも「救い」の可能性が存在することを宣言し[†5]、他の宗教宗派との「対話」の姿勢を公にした。これは、それまでのカトリック教会が「自らのみが真理を保有しており、他は全て誤りであり悪魔の営みである」といった自己絶対視の基本精神を持ってきたことを考えるならば、まさに大転換である。文化による見かけ上の相違は大きいが、同一の真理を（多様な表現のもとに）保有する宗教宗派が存在することを認める、といった宗教多元論的な方向に一歩を踏み出したのである。

日本の基本的な文化伝統が、神道や仏教各派のそれぞれが真理を持つことを認め、自己絶対視に立つ過度の「宗論」を嫌ってきたことを思うと、キリシタンが最終的には日本の風土に受け入れられなかった、という事情の背後に潜む重要な要素が理解できるのではないだろうか。

さらに言えば、キリシタンの教えの日本への導入が、ポルトガルやスペインなどによる海外進出（貿易上の利権と領土の獲得）と歩調を合わせたかたちで、しかもそうした国々によって基本的には費用を弁済されるというかたちで行われていたということも、当時の日本人にとって、知れば知るほど許し難いことだったであろう。しかも、南ヨーロッパからの宣教師の少なからぬ人たちが、日本人に対して民族差別的な優越感を持っていたとするなら尚更である。

この時期から四百年近く後の一九四〇年代後半から一九五〇年代にかけて、敗戦と占領という未曽有の経験に自信を喪失していた当時の日本社会で、新たに来日した欧米の宣教師達が、占領軍総司令部（ＧＨＱ）から招請された戦勝国の人、という優越感の香りを振りまきながら日本での布教や学校事業に当たっていた姿も、これと二重写しのように重ならざるをえない。また、これに呼応し迎合し、侮日的な言動を繰り広げていた一部の日本人神父や修道女、信徒の姿も思い起こされる。キリシタン時代にもこうした「バナナ的な」（表面は黄色いのに内面は白い）「醜い日本人」の姿が見られたであろうことは、容易に想像されるところである。

キリシタン時代の日本人ハビアンの「キリスト教経験」を考える

本書で取り上げるキリシタン時代の代表的な知識人ハビアンの思想と人生に対する私の関心は、こうした背景を持っている。ここでの最も主要な関心は、既成キリスト教と日本の伝統思想や日本人の肌合いとの間に存在する異質性を、一人の代表的人物についてケース・スタディ的に検討することを通じて考えてみたい、ということにほかならない。

ハビアンという人物を、こうした検討を行う際の手がかりとして取り上げた理由については、いくつかの理由がある。

何よりも大きなきっかけは、若い頃にキリシタンの教えに傾倒し、同胞に向かってそれを説く立場を選び取りながら、人生の後半になり自らの思想が熟していったなかで、一転して従来の立場を捨て、キリシタンの教えに対して根本的な批判を加える、という彼の人生の軌跡に出会ったことである。

こうした軌跡は、我が国においては、明治以降においても、また現代においても、少なからず見られるものであることはあらためて言うまでもない。キリシタン時代においても、迫害を受けて殉教した人達の何倍にも当たる多数のキリシタンが、自発的に、あるいは外的圧力を敏感に感じ取ることによって、目立たないかたちで静かに棄教していっているのである。ハビアンの人生の軌跡の在り方は、そうした日本人の「キリスト教体験」の代表例の一つと見ることが出来るのではないだろうか。

もう一つのきっかけは、当時のキリシタン教団内部で重要な位置を占め、仏教など他の思想に立つ指導者たちとの論争の最前線で、最も有力なキリシタン側論客として活躍したハビアンが、キリシタン教団の後継者である現代のカトリック教会関係者から黙殺されるか矮小化されるかされ、日本のキリスト教史においても、宗教史においてもほとんど取り上げられることがないのは不当ではないか、という私自身の思いである。

どういう組織でも、自らにとって都合の良い事跡や人物だけを取り上げて自らの歴史を語っていくものである。しかしながら、ハビアンが当時のキリシタンをめぐる状況において持った影響力の大きさを考えるなら、その宗教思想的意義について、キリスト教の側からも、日本の宗教思想全体を考えるうえからも、きちんとした検討をしておくべきではないか、ということである。

いずれにせよ、本書においては、ハビアンという名で知られるキリシタン時代の一人の日本知識人について、その人生の軌跡をたどりつつ、その著作の内容を詳細に検討していくことにする。

ハビアンの一連の著作は、日本人ないし日本の伝統的な文化風土とキリスト教との出会いの一つの典型的な事例である。先にも簡単に触れたように、私自身この問題についての些かの見方がないわけではない。しかしながらハビアンの著作を虚心坦懐に検討していく作業を通じて、当時の日本人の持っていた暗黙の思想的前提と外来キリシタン思想との関わりについて、また、既成キリスト教が長いあいだ持ち続けてきたヨーロッパ中心的な感覚とコスモロジーに対する、日本人の感覚的な反応の在り方について、具体的に考えてみる新たなきっかけを得たいと思う。さらには、そうした作業を通じて、日本の文化伝統の基盤となっている、日本人の感性なり暗黙の前提なりが、新たな光の下で垣間見えてくることもあるのでは、という密かな願いも抱いている。

†1　イザヤ・ベンダサン（＝山本七平）『日本人とユダヤ人』山本書店、一九七〇年、九一頁。

†2　イザヤ・ベンダサン（＝山本七平）『日本教徒――その開祖と現代知識人』角川書店、一九七六年、三〇頁。

†3　「生きるということ」毎日宗教講座、一九五八年一月（後藤亮『正宗白鳥――文学と生涯』思潮社、一九六六年、四六頁）。

†4　武田清子『背教者の系譜――日本人とキリスト教』岩波新書、一九七三年、五～六頁。

†5　例えば、第二バチカン公会議の『キリスト教以外の諸宗教に対する教会の態度についての宣言』の2（キリスト教以外の諸宗教）のなかで、次のような表現がなされている――「カトリック教会は、これらの諸宗教の中に見いだされる真実で尊いものを何も排斥しない。これらの諸宗教の行動と生活の様式、戒律と教義を、まじめな尊敬の念をもって考察する。それらは、教会が保持し、提示するものとは多くの点で異なっているが、すべての人を照らす真理の光線を示すこともまれではない」（南山大学監修『第二バチカン公会議公文書集』中央出版社、一九八六年、一九八頁）。また『教会憲章』16では、次のように言う。

「本人のがわに落度がないままに、キリストの福音ならびにその教会を知らないが、誠実な心をもって神を探し求め、また良心の命令を通して認められる神の意志を、恩恵の働きのもとに、行動によって実践しようと努めている人々は、永遠の救いに達することができる。また、本人のがわに落度がないままに、まだ神をはっきりと認めていないが、神の恩恵にささえられて正しい生活をしようと努力している人々にも、神はその摂理に基づいて、救いに必要な助けを拒むことはない。」――（『第二バチカン公会議公文書集』五九頁）

目次

不干斎ハビアンの思想

——キリシタンの教えと日本的心性の相克

装丁　上野かおる

序章　不干斎ハビアンという人

一人の日本人が長崎でひっそりと死んだ。家康の死去から五年の後、江戸幕府の基盤がしっかりと固まった一六二一年のことである。五十六歳であったという。臨終の様子がどうであったかも不明であり、また彼の墓地がどこにあるかも分からない。日本人としての本来の姓名すら知られていない。

死の十年あまり前まで、彼は不干斎巴鼻庵《フカンサイ・ハビアン》と名のり、キリシタンの指導的知識人として京都を中心に活動し、「上《カミ》のハビアン」「ミヤコのハビアン」として広くその名を知られていた。ハビアンという名は、キリシタンとしての名前（クリスチャンネーム）である。

彼がこのハビアンの名で一六〇五年に著した『妙貞問答』全三巻は、仏教・神道・儒教を批判してキリシタンの教えを唱導したものであり、日本には他に例のない該博な宗教書である。これは、キリシタンという外来の思想を主要な補助線として、当時の日本社会の各宗教を論じた比較宗教論的な著作としても、我が国の思想史上特記すべき業績である。

しかしながら、彼はこの著作の公刊から間もなく、四十三歳ころにキリシタン教団を去り、一人の若い修道女を伴って出奔する。

そして約十年間の潜伏生活の後、死ぬ前年の一六二〇年になって、キリシタンの教えを根本から批判し排撃する書『破提宇子』を書く。この本の著者名としても、彼はこのハビアンというキリシタン名を踏襲し、「好庵」および「ハピアン」と署名している。

キリシタン時代を生きた知識人

ハビアンは〝キリシタン時代〟をキリシタンの側から生きた日本人であり、ヨーロッパの学問や文化にも通じた当時の日本社会における最高の知識人のひとりであった。

織田信長、豊臣秀吉の時代から徳川家康の時代にかけての六十年あまりは、日本史の上できわめて特異な性格をもつ。国内的には、群雄割拠の戦国時代がようやく終焉を迎え、天下人のもとで新たなかたちの統一国家としての様相を見せてきた時代である。そして国際的には、南ヨーロッパ諸国の主導によって大航海時代といわれる世界的交流が活発になり、スペインやポルトガルなどがアジアの諸地域に本格的に進出してきた時代である。

日本にも次々と貿易船が来航し、南ヨーロッパやインド、東南アジア、中国の珍奇な品物の数々が持ち込まれた。また、南ヨーロッパの人たちの日本での活動にともなって、南蛮風と称されるラテン系の習俗や文化が日本でも一部に流行する。さらには、古代ギリシャ・ローマの伝統を土台としてルネッサンス後に勃興したヨーロッパの自然科学や哲学が、まったく異質な中国文化の伝統のなかで長い年月かけて発展してきた日本社会に流入し、一部に知的衝撃を与えた時代でもある。

こうしたなかで、この時期には、日本の伝統的な文化と社会のありかたに対し、当然のことながら、根底からの揺さぶりが掛からざるをえなかった。幕末から明治初期にかけての黒船来航の時期と同様、ひとつ間違えば日本社会の文化的アイデンティティが崩壊し、国の独立そのものも失われ、近隣のアジア諸地域の場合と同様に、南ヨーロッパ諸国の植民地にされてしまう、という危惧さえあった危機的時期である。

〝キリシタン時代〟と呼ばれることのあるのは、こうした時期のことである。時間的には十六世紀半ばから十七世紀初めにかけての短期間であったにせよ、外来のキリシタンの教えが全国的に広まり、この前半においては「キリシタン大名」の領地で見られたように、地域によっては仏教寺院がすべて破壊され、南ヨーロッパ色の強いキリシタン的な習俗で人々の生活が営まれるという、日本の歴史のなかで類の無い特異な状況がみられた。日本の各地に、モザイク状ながら、他の地域とは異質なキリシタン社会が点在していたのである。

しかし後半になると、豊臣、徳川と政治的統一が進むなかで、キリシタンへの禁圧が強まっていき、「キリシタン大名」は転向したり追放されたりした。これにともない、各地でキリシタン信徒への迫害が強まっていき、全国各地にモザイク状に存在したキリシタン社会も姿を消していく。そして、当時の日本キリシタンにとっての首都であった長崎も、キリシタン色を剥奪され、異国風の街から日本的な街へと変貌を遂げていったのである。

この〝キリシタン時代〟は、日本の歴史を顧みると、ひとつの大きな岐路となった時期であった。たとえば、その後の江戸時代を通じて、キリシタン宣教師の入国および国内活動の禁止を主要な目的とした厳しい鎖国体制が固められ、また寺請制度などによって国内の宗教的思想的な統制が強化されたことは、日本社会のその後の歴史的展開に対して大きな影響をもつものであった。

ハビアンは、こうした〝キリシタン時代〟の中頃に、外来宗教を受容したひとりのキリシタンとして、南ヨーロッパ色の濃い高度な教育を受け、その教団のなかで有能なイデオローグとなるべく修練を重ねていく。そして、キリシタンへの警戒感が日本社会の各層で強まっていった後半の時期に、社会的逆風に抗して、キリシタン側の代表的知識人としてキリシタン擁護のための活躍をするのである。


幼い頃から臨済宗の寺に入って修業していたハビアンは、一五八三年、十九歳の時、北政所（秀吉の妻）の侍女であった母親に従ってキリシタンになったという。日本に公式にキリシタンを伝えたフランシスコ・ザビエルの来日から三十四年が経過し、各地にキリシタンの拠点が出来て、大名や有力武将などのなかにもキリシタン信徒の輪が拡がりつつあった時期のことである。ハビアンは、入信の数年後には、日本でキリシタン宣教を進めていたイエズス会に入り、大阪のセミナリオ（中等教育）、長崎のコレジヨ（高等教育）でヨーロッパ式の学問を修める。それと同時に、正式なイエズス会員にもなり、修道士（イルマン）となった。そしてその後、セミナリオやコレジオの日本語教師を務め、さらにはキリシタン側のトップクラスの著述家・説教師・弁舌家として活躍する、という経過をたどっている。

ポルトガルやスペイン、イタリアなどから来日した宣教師たちの日本語と日本文化の学習のためのテキストとして、キリシタン版の「（口語訳抄本）平家物語」や「伊曾保物語」などをイエズス会が編んだ際にも、ハビアンは中心的な役割を果たしている。

また、京都で名高い仏教側の学僧たちとの宗論（教義論争）も次々とこなしている。秀吉の「伴天連追放令」（一五八七年）を踏まえてイエズス会が、日本での活動の基本方針を決定するため長崎の加津佐で開いた「宣教師たちの第二回総協議会」（一五九〇年）にも、日本側の陪席者のひとりとして最年少で出席している。

一六〇六年、ハビアンの脂の乗りきった頃、博多でおこなわれた（かつての）有力「キリシタン大名」黒田如水の三回忌を記念したキリシタン側の追悼式典でも、現地の有力者たちを前にして説教するため、わざわざ京都から招かれている。この折の説教の様子について、当時の日本のキリシタン教団においてイエズス会と厳しい対立関係にあった、フランシスコ会の宣教師ムニョスは、以下のように報告している。[†1]

日本の文学や仏法に明るいという噂のハビアンと称するエルマーノ〔修道士〕が彼らに説教をしました。彼はまるで使徒のように巧みにし、釈迦や阿弥陀の仏法および分裂している諸宗派の述べる説教をきわめて雄弁、容易におこなったので、〔参列していた〕仏僧でさえ自分たちより上手な説教を彼の口より聞いて驚きました。それから雄弁に仏法を批判したので、当然それは迫力に満ち、大きな効果を挙げ、聴衆は自分たちの心に混乱を生じながら感嘆し、学識のある仏僧はなおさらのことでありました。なぜなら彼が堂々と「もし私の述べたことに反対する道理があるなら、それを言ってください。私は喜んで皆さん方の言葉を聞いて皆さん方を納得させませう」と言ったからであります。一言もあえて発する者がなく、みな困惑し恥じいり、説教が終わるとそれ以上待とうともせず、殿〔朽木宣綱〕やそのほかの人々にも挨拶もしないで、頭を低くして立ち去りました。

　このように、当時キリシタン側の代表的知識人という名声を得ていたからであろう、徳川家康に後に重用された朱子学者の林道春〔羅山〕も、同じ一六〇六年、新進気鋭の二十三歳の身で当時四十一歳のハビアンを訪ね、正面から論争を挑んだ記録を『排耶蘇』と題する文章のかたちで残している。この林道春の書き残した文章は、後の章でその具体的内要を見ていくことにするが、ハビアンの実像の一端を垣間見ることができる貴重な資料といってよい。

　この時には、侍者を従えたハビアンが、キリシタン信徒たちの中央に座を占め、京都のキリシタン寺院の中心人物として道春らを迎え、語り合っている。彼が当時、キリシタン信徒たちのあいだで堂々たる指導者として振る舞っている様子が如実にうかがえるところである。ハビアンはその前年に護教書『妙貞問答』全三巻を著し、仏教と儒教と神道をそれぞれ真っ向から批判して、キリシタンの教義を唱導している。

しかしそのハビアンが、特段の外的な圧迫も迫害もないのに『妙貞問答』刊行の二年後の一六〇七年、羅山との対談の一年後に、出奔して棄教しているのである。そして、十三年間の沈黙の後、死ぬ前年の一六二〇年、五十五歳の時に、キリシタンの信仰内容と宣教師のありかたを徹底的に批判した『破提宇子』を公刊する。

この書は、当時のイエズス会準管区長（日本でのイエズス会によるキリシタン宣教の総責任者）コーロスがローマのイエズス会総会長に送った報告[†2]によれば、「ペストのごとき破壊的影響」を信徒のあいだにもたらしたといわれ、キリシタン教団の側からは憎悪の的とされたものであった。

ポルトガルやスペインに代表される南ヨーロッパからの商業的・軍事的・文化的なグローバリゼーションの大波が日本にも押し寄せてきたなかで、ハビアンは、キリスト教の精神文化を受け入れて体系的に学び、日本在来の神道や仏教などに基づく伝統的精神文化を批判し変革する側に立って活躍したわけである。南ヨーロッパ諸国の前進基地となったゴア（インド西海岸）やマカオ（中国南海岸）、植民地となったフィリピン、そして同様に植民地になっていた南米のメキシコやペルーなどとの貿易が始まり、その文物や習慣、世界観が日本にも流入し、当時の日本人の意識世界が大きく開かれていった時代である。

この時期に彼は、それまでの日本人とは異質の感性と行動様式をもつ南ヨーロッパ人の側に立って生活と活動を共にする、という稀有な経験をした人である。そして『破提宇子』のなかで述べているように、結局は彼らの心の奥深くにある抜き難い民族差別的な優越感（日本人蔑視）を憎悪し、また彼らのもつ独善的で偏狭なキリスト教的世界観の押し付けに対して深い違和感を覚え、自分が日本人であるという事実と誇りに目覚めた人でもある。

ハビアンの「キリシタン離脱」をもたらしたものは何であったのか、については種々の見かたがなされてきた。少なくとも、キリシタン禁教令や、それに基づく社会的圧迫や迫害が直接的な原因ではないことは確かである。最も有力な原因として考えられてきたのは、南ヨーロッパ人宣教師たちの日本人に対する、具体的にはハビアンに対する、傲慢、専横、差別への怒りと鬱憤の蓄積でないか、という見かたである。具体的には、日本人であるがゆえのイルマン（修道士）からパードレ（神父）への昇進拒否であった、というものである。

これに加えて、京極マリアの三女マグダレーナの葬儀をめぐる仏教側との紛争（葬儀をキリシタン側の責任でおこなったこと、葬儀の際のハビアンの説教が仏教批判を含んでいたことが、菩提寺を中心とした仏教徒たちの憤激を招き、家康への提訴にまで及んだ）に際して、本多正純の斡旋で当時のキリシタン教団の幹部モレホンらがハビアン一人に責任をとらせて自粛させる、というトカゲの尻尾切り的な解決策をとった、ということが出奔の直接的な理由となったとする見かたも強い。私自身もこうした見かたには同感できるところが多い。

なお、ハビアンが出奔した折、若い修道女を伴っていたことを重視し、棄教の原因として女性問題を挙げる見かたもある。確かに、生涯独身を貫かなくてはならないキリシタン聖職者の身でありながら若い修道女と恋におち駆け落ちした、という見かたをすれば、これもまたキリシタンを離脱したことの有力な原因と見ることができないでもない。

しかしハビアンの年齢からいっても、また林羅山の描く人物像や著作から伺われる性格像からいっても、そうした見かたは当を得たものでないと考える。つまりハビアンは、恋に殉じて自分の社会的立場を放棄するほど情熱的でロマンチックな人物であったとはとても思えないのである。おそらく事の真相は、若い修道女の側からすれば、キリシタン教団のために大きく寄与してきたハビアンをスケープゴートとして事態を乗り切ろうとする教団幹部に対して、ハビアン同様に憤激し、それまでの尊敬の念から、ハビアンの行動に随伴して自分もキリシタン教団を離脱しようとしたということではないだろうか。もちろんその背後には、若い修道女がハビアンをいささかなりとも恋慕していた、という事情があったことも想定されないではないが。

江湖の野子という着地点

いずれにせよハビアンは、人生の最終段階になって、外来のキリシタン思想を捨てたわけである。しかしそのことは、彼が旧来の日本人と同じ伝統的な精神世界に立ち返った、ということを意味するものではない。キリシタンの精神世界を通過することによってハビアンは、従来の多くの日本人とは異なる新たな思想をもつに至ったように思われてならないのである。そうした新たな自己確認の表現こそが、彼の最後の著作において掲げた自称〝江湖の野子〟（＝世俗の世界に住む、何物にも束縛されない自立した人間）という自称ではないだろうか。

こうした点では、時代はずっと下がるが、「二つのＪ（イエスと日本）に仕える」をモットーとした明治時代の偉大な知識人・内村鑑三の場合とも通じるものがあるように思われる。内村もまた、普遍的な意味でのキリスト教に憧れてアメリカに留学しながら、彼の地のクリスチャンのエスノセントリズム（自民族中心主義）と独善性に辟易し、自己の内なる日本人性に深く目覚めた人であった。[†3] そして内村の場合も、キリスト教との出会いによって、欧米的なクリスチャンとは異なる、そして在来の日本人とも異なる、新たな思想に導かれていった、といってよいように思えるのである。

ハビアンの最後の自称〝江湖の野子〟という言葉からは、彼が自由で自然《じねん》な人間像に近づいた、という晩年の自負なり自己意識なりを感じとることが可能ではないだろうか。この点こそ、キリシタン（＝カトリック）世界から彼が脱出した主要な要因を指し示すものではないか、と思われてならない。まさに、日本教徒そのもののありかたに立ち返ったということである。

日本の伝統的な理想的人間像のありかたは、〈自然《じねん》〉であるとよくいわれる。「自他の意志や意図と関わりなく自ずから調和的なありかたとなる」という意味での〈自然〉である。この〈自然〉は「己の欲するところに従えど則を超えず」という論語の言葉にも通じるものである。もっと敷衍すれば、「自分が実感するところ、無理なく納得できるところ、まさに自分の本音であるところ」という意味での〈内的自然〉を大事にし、それに則って生きる、ということである。これこそが本当に人間らしい自由で自然な生きかたとして希求されてきたところであり、日本人の行きつくべき生きかたとして想定され続けてきたところではないか、と思われるのである。

ハビアンは結局のところ、禅宗を棄教してキリシタンに、そしてキリシタンを棄教して〝江湖の野子〟に、というスパイラルなかたちでこの理想に近づいていった、と考えることができるのではないだろうか。

南ヨーロッパからのキリシタン宣教師が傲慢かつ独善に見えたのは、〈内的自然〉に則って生きるという根本的な点で、彼らの生きかたの基本に違和感を覚え続けてきたからなのであろう。つまり、彼らは、自分自身の実感とか納得とか本音という深い〈内的自然〉には目もくれず、本国から持ってきた習俗や慣習、信念を絶対視し、小理屈でもってそれを支え合理化する、といった表面的な原理に基づいて生きているのではないか、という受け止めかたである。それに加え、日本人信徒に対して、人として共有の〈内的自然〉を基盤とした開かれた対話をしようとしないで結論の押しつけを図るだけではないか、というふうに受け止めてきたのではないか、と思われてならない。こうした点は、宣教師個々人の人間としてのありかたの問題というだけでなく、伝統的なキリスト教がみずからを「啓示宗教（神からの直接のメッセージに依る宗教）」であると宣言してきたことからくる問題にも関わっているであろう。

イエス自身のメッセージとは根本的に異なり、伝統的なキリスト教は、神から示されたところを真理とし生活規範として厳守しようとする。そこでは、一人ひとりの〈内的自然〉は矯正され克服されるべき対象であって、そこに足を下ろすべきその人自身の根本的な基盤とはみなされない。これはキリスト教のもつ「モーゼ教」的な側面である。

しかし、日本人の多くにとって、これは非人間的な感覚であり発想であるとしか受け取れないであろう。そうした感覚なり発想なりで啓示的な内容（という思い込み）を信徒一人ひとりに押し付けようとする宣教師は、まさに傲慢であり独善でしかない。これがハビアンの宣教師観に、また最終的なキリシタン観に、大きく影響しているように思われてならないのである。

第一次受容期としてのキリシタン時代

日本にキリスト教が伝えられ、日本社会における第一次のキリスト教受容がおこなわれたのは、十六世紀の後半から十七世紀初頭にかけてのことであった。

ちなみに、第二次のキリスト教受容は、明治から大正にかけての約四十年間、明治維新に伴う脱亜入欧の気風が高まった時期であった。そして第三次のキリスト教受容は、一九四五年の第二次世界大戦の敗戦と米軍中心の連合国最高司令部（ＧＨＱ）による七年弱の日本統治の時期である。この時期、ＧＨＱの招きによって新たに欧米から多くの宣教師が来日し、カトリックやプロテスタントの思想に立ち、それを宣教するための学校（ミッションスクール）も各地で創設された。

一九五二年の主権回復以降も、米軍中心のこうした占領政策の影響は色濃く残り、少なくとも一九六〇年前後までは、キリスト教に対して、日本社会全般に好意的な注目が集まっていたといってよい。日本の伝統的なものは無価値であるとされ、「民主的な新しい社会に日本を変革するためには、欧米の文化と習俗を精力的に取り入れるべき」という欧米崇拝の嵐が吹きまくっていた時期である。日本人でありながら「反日」「侮日」的な言辞を弄することこそ「進歩的」であるとされ、そうした方向での言論が、多くの知識人文化人やマスコミのあいだで盛んにおこなわれた時期でもあった。

この三つのキリスト教受容期はいずれも、日本の伝統文化・伝統精神にとって大きな揺らぎと危機の時期であった。外来の文物が急激に流入するなかで、さらには外国の巨大な勢力との協調をある意味で無理強いされるなかで、それまで大事にしてきた伝統的なものに対する信頼と誇りが大きく揺らぎ、「私は日本人である」というアイデンティティを投げ捨てたいと強く願う日本人も少なからず出てくるほどの時期であったといってよい。

そうした揺らぎと危機の時期が終わり、日本人が日本人としての誇りに再び目覚めてくると、当然のことながら、外来の思想は、反古のごとく捨て去られるか、日本の伝統的な思想のなかに組み込まれて新たなかたちでの展開が図られるか、いずれかの道を辿らざるをえなくなる。日本にもたらされた伝統的キリスト教は、三回にわたる受容期の後のいずれの場合も、結局は「捨て去られる」という前者の道を辿ったように思われてならない。厳密な評価は後世に待たなくてはならないであろうが、仏教伝来の場合とは大きく異なり、伝統的キリスト教は、日本の精神的風土に大きな構造転換をもたらすこともなく、いつのまにか社会の片隅に追いやられ、大多数の日本人の意識のなかでその存在が大きな位置を占めなくなるという道を辿っていった、といってもよいであろう。

いずれにせよ、〝キリシタン時代〟すなわち第一次キリスト教受容の時期は、公式にはフランシスコ・ザビエルの来日に始まる（倭寇を初めとする当時の国際貿易業者を通じ、それ以前にもごく一部ながら日本の地にキリスト教が入っていたといわれるが……)。イエズス会の創立メンバーの一人であったスペイン人(バスク人)フランシスコ・ザビエルが、日本人アンジロー(薩摩の根占の武士・池端弥次郎)に伴われ、神父コスメ・デ・トルレスと修道士ファン・フェルナンデスおよび二人の従僕を伴って鹿児島にたどり着いたのは、一五四九年〔天文一八年〕八月のことであった。

そして一五五九年〔永禄二年〕末には、後続の神父ガスパル・ビネラが京都に入り、翌年初めに室町幕府からの布教許可状を得ている。さらには一五六九年、神父ルイス・フロイスらが二条城で織田信長と会見し、布教保護状を受けている。こうした宣教師等の活動の成果として一五七五年~七八年〔天正三~六年〕には、美しい三階建ての南蛮寺が京都に建立され、京都内外から多くの見物人が連日やってきたことが伝えられている。

このようななかで日本の有力大名としては、一五六三年〔永禄六年〕の大村純忠〔バルトロメイ〕〔肥前大村〕の受洗に始まり、高山右近〔ジュスト〕〔摂津高槻〕が父・飛騨守友照〔ダリヨ〕とともに一五六四年〔永禄七年〕に、大友義鎮〔宗麟/フランシスコ〕〔豊後臼杵〕が一五七八年〔天正六年〕に、有馬晴信〔プロタジヨ〕〔肥前有馬〕が一五七八年〔天正七年〕に、蒲生氏郷〔レオン〕〔伊勢松ケ島〕が一五八六年〔天正一四年〕に受洗し、キリシタンとなっている。

そして、こうした有力な「キリシタン大名」の多くは、自分の領地において、寺社仏閣を打ち壊し、領民を集団的にキリシタンへと改宗させる、という宗教政策を採ったため、九州と近織の一部に、飛び飛びのモザイク状ではあるが、キリシタン的な習俗を大幅に日常生活に取り入れたキリシタン社会（キリシタン的生活様式で生きる集落）が現出するということになったのである。

しかしながら、キリシタン側から見ての順風満帆的な状況は、そう長くは続かない。豊臣秀吉によるキリスト教布教禁止令（バテレン追放令）が出たのが一五八七年〔天正一五年〕であった。この時に京都の南蛮寺も破却され、イエズス会の領地となっていた長崎も没収されている。そして、ヨーロッパ諸国に伝えられて大きな衝撃を与えた長崎での二六聖人殉教（公開磔刑）は一五九七年〔慶長二年〕のことである。

その後も貿易の便宜のため、しばらくはキリシタン宣教師の活動は黙認されていたが、徳川家康は一六一四年〔慶長一八年〕厳しい禁教令を出し、国内のキリシタン取り締まりを徹底すると同時に、キリシタンの祖国である南ヨーロッパ諸国に対して国を閉ざし、貿易だけでなく人の往来そのものを禁止する。これによって日本における第一次のキリスト教受容は、公式にはその幕を閉じることになった。

そして一六三七年〔寛永一四年〕一二月に始まり、翌一六三八年〔寛永一五年〕二月二八日に終了する島原の乱によって、立ち返りキリシタン（一度は迫害によって棄教したが、その後キリシタンに復帰した人たち）を中心とした三万七千人の一揆軍が子どもや女性を含め皆殺しにされることにより、日本社会の表面から完全にキリシタンの姿は消し去られたのである。この時以降、明治初年の第二次受容期までの二百三十年あまりの年月、表面上は仏教徒を装いながら祖先伝来のキリシタン的信仰・習俗の一部を保持し続けたごく少数の潜伏キリシタンが存在したにせよ、日本社会に姿を現した〝キリシタン時代〟は、ザビエルの来日から数えて六十五年で、長く見ても九十年で、終止符が打たれたことになる。

ハビアンの生きた社会と人生の軌跡

もう一度、ハビアンの人生の軌跡の概要を、その生きた時代の社会的状況との関係で見ておくことにしよう〔巻末の年表を参照されたい〕。

ハビアンの生まれたのは一五六五年〔永禄八年〕のことといわれるが、これは織田信長が足利義昭を奉じて上洛を果たす三年前、ザビエルの来日から一六年後のことである。そして一五八三年〔天正一一年〕、十九歳の折に洗礼を受け、一五八六年〔天正一一年〕、二十一歳の時にイエズス会の正式メンバーになった。この年は、信長が本能寺の変で倒れて五年、秀吉が太政大臣に任じられ、豊臣の姓を賜った年である。

ハビアンが受洗した当時は、織田信長によって新来のキリスト教が厚遇されたことの余韻が未だ残っていた時期である。イエズス会巡察師（ローマのイエズス会総会長の代理としての権限を持つ）ヴァリアーノは一五八三年の報告で、日本全国にキリシタン信徒が三〇万人は居ると述べ、京都周辺に二万五千人の信徒が居るとしている。これは当時の日本全国の人口から考えると約一パーセントにあたり、人口比でいうと、現在の状況より信徒数はかなり多い。

ハビアンは受洗後三年でイエズス会に正式に入会するのであるが、これは秀吉のバテレン追放令の前年であるから、日本でキリシタンが爆発的に拡がりつつあった時期である。日本におけるイエズス会の正式会員の数も、当時、百人近くになっていたという。このようにハビアンは、日本におけるキリシタンの興隆期に、自分自身もキリシタンの側のリーダーとなって、その布教に自分の人生を掛けようと決心した、ということになる。

ハビアンはイエズス会のメンバーとして二十年近く精力的に活動した後、一六〇五年頃に、出奔して棄教する。これは徳川家康が征夷大将軍に任じられ、江戸幕府を開いた二年後のことであり、大坂冬の陣・夏の陣によって豊臣方を完全に掃討し、名実ともに日本全国の支配権を手中にする十年前のことである。この頃は、未だ厳しい禁教体制はとられていないのであるから、ハビアンの棄教は、もっぱら内的な理由に因るものとしか考えられない。

その後、十年あまりのあいだハビアンは潜伏し、どこでどうしていたのか詳しい消息は残っていない。そして一六二〇年〔元和六年〕、死の前年、突如として『破提宇子』を公刊する。ちなみに、この反キリシタン文書公刊の年には、平戸のイギリスとオランダの商館員が連署して幕府に書状を提出し、「ポルトガルとスペインによるキリシタン伝道は、侵略的な植民地化に向けてのものである」と主張している。またこの年は、幕府が全国的な禁教令を出してから六年、各地でキリシタンの集団的処刑が続けられているころでもある。

キリシタン教団＝イエズス会の側では、先にも触れたように、この『破提宇子』が日本におけるキリシタンの運命に対して悲劇的な影響を持つであろうと危惧の念を抱いた。後に「転びバテレン」となるクリストファン・フェレイラは、イウズス会総会長宛の一六二一年三月一八日付の書簡で、次のように述べている。[†4]

われわれのイエズス会のイルマンであったファビアンという背教者が、神および神のいとも聖なる法に対する冒涜と異端とに充ちた論著を作成した。そのなかで、彼が主として意図したことは、福音の説教によってわれわれが日本を奪い、日本をわれわれの国王に服従させようと企んでいることを証明しようというものである。この点は各人の胸に強くひびくものがあるので、異教徒であり、われわれの聖信仰の敵である将軍に対して、どのような効果があるかよく分かる。そしてまた、もしも主なる神がその特別な摂理で救ってくださらない限り——われわれはこれほど大勢の殉教者たちの血に向けて、救いの手をのべて下さるものと期待しているが——迫害が止むことについて、人はいかに僅かな期待しか持ちえないかよく分かる。……

日本人キリシタンを支えていた心性

外的な視点からは有為転変とも見えるハビアンの思想と人生の軌跡について、多くの人は、たとえば次のような関心を持つのではないだろうか。

ハビアンの人生が求道的色彩の濃いものであったことを考える時、生涯をかけて彼の求めたものはいったい何であったのであろうか。キリシタンの布教伝道は、当時の南ヨーロッパ的コスモロジーの鼓吹を中心としたものであり、そこに微妙なかたちで当時の大航海時代の国際的覇権競争が影を落としている。あえていえば、当時のキリシタンの宣教内容は、イエスの（「覚」の要素の強い）思想とはほとんど関係のないものである。こうした状況におけるハビアンの入信・唱道・離反を、彼の求道的姿勢との関係でどう捉えたらいいのであろうか。

もっと一般的にいって、南ヨーロッパ伝来のキリシタン的な思想・習俗のどのような点が、ハビアンをはじめ当時の日本人に共感をもって迎えられ、日本のキリシタン共同体のなかで重視されたのであろうか。

これと裏腹になるが、南ヨーロッパ伝来のキリシタン的思想・習俗のどのような点が、ハビアンを初め当時の日本人に違和感を覚えさせ、キリシタン排撃の心理的基盤となったのであろうか。

また、ハビアンが神道・儒教・仏教を批判し、キリシタンを批判し、すべてを捨て去った後に自分自身の内的根拠として結局は何を残しているのだろうか。

ハビアンに関わるこうした問題関心は、彼個人だけの問題、キリシタン時代だけの問題に限定されるものでない。キリシタン時代から現代にまで至るあいだの、日本人あるいは日本社会の欧米的思想・習俗との出会い・対決・受容一般にも関係してくる問題でもある。このことはまた、日本人の伝統的な感覚・思想のありかたを問うことにもつながっていく。その意味において、ハビアンの思想的軌跡から我々が示唆されるところは、きわめて広大かつ重要な問題に発展していかざるをえないものといってよい。

ハビアンという人物は、社会的にも思想的にも激動の時代を生きながら、日本人としての伝統的な心性と思想を持ち続けた人、といった見かたが可能である。現代日本の優れた知識人のありかたにも通じる伝統的な精神を深く秘めていた人であった、という見かたである。終章で少し詳しく見るが、山本七平がハビアンを「日本教徒」の典型の一人として取り上げたのも、まさにこうした見かたに立つものであったといえよう[†5]。

私自身の仮説的な見かたからすれば、日本の伝統文化の顕著な特色は〈内的自然〉の尊重を基盤とした宗教多元主義であり文化多元主義である（単なる混淆主義でも相対主義でもない）。宗教でいえば幾つかのかたちでの神仏習合（神道と仏教の融合）が、明治維新後に権力によって無理矢理神仏分離がおこなわれるまでは、むしろ典型的な姿であったことにも象徴されるであろう。また、

分のぼるふもとの道は多けれど　同じ高嶺の月をながむる†6

という意味の歌が時代を超えて（ハビアンの時代においても）たびたび引証されてきたのも、このことと関係しているであろう。宗教であっても文化風俗であっても、〈内的自然〉に反しない限り、あるいは〈内的自然〉をよりよく発揮するものと考えられるかぎり、良いものは良いとして取り入れ、同時並行的に活用していこうという基本姿勢である。このことは、偏狭にみずからの宗教や文化風俗を絶対視し、他のものを排斥していくといった態度を毛嫌いすることにも通じる。この感覚こそが日本人の伝統的な〈内的自然〉のありかたである。これを頭から否定するような態度は、独善であり傲慢である、ということにならざるをえないであろう。

いずれにせよ、ハビアンの頃のキリシタン（カトリック）は、多元的な宗教的要素のひとつとして受け止められていた（＝新たな仏教宗派の渡来）時期はよいとしても、他の宗教宗派と共存しない自己絶対視的存在であることが明白になった時には、日本社会から排除されざるをえない運命にあった、と見ることができよう。豊臣秀吉の「宣教師追放令」の場合にも、徳川家康の「禁教令」の場合でも、キリシタンがひとつの地域を支配した場合、社寺を焼き払い、仏像や仏具を打ち壊した、ということを許せない罪悪として弾劾しているのは、このことを例証するものではないだろうか。

ハビアンという人物と、この特異な人物が生きた〝キリシタン時代〟とは、大略このようなものとして理解しておくことができるであろう。ハビアンについて、ここで総括的に表現しておくと次のようになるのではないだろうか。

山本七平の言葉[†7]を借りるならば、ハビアンは「日本人キリシタン最高の知識人」であり、天草コレジオの「教授」であり、羅山が訪ねて来る「名士」であり、有力な伝道文書の「著作家」であった。そして宗教ないし思想を選択するのは個人の責任においてである、という「個人主義」を貫いた人である。彼は仏教の僧侶として人生を歩み始め、キリシタンの唱導者となり、最後には〝江湖の野子〟となって死ぬわけであるが、単なる「棄教者」でもなく「転向者」でもない。自分自身に対して誠実に生きたひとりの日本人であり、近代的知識人の先駆としてのありかたを示した人であった、といってよいのではないだろうか。

†1　佐久間正訳「一六〇七年のムニヨス報告書」『キリシタン研究　第一一輯』H・チースリスク解説、吉川弘文館、一九六六年。

†2　井出勝美『キリシタン思想史研究序説』〔一九一〜一九三頁〕に訳出紹介されている、一六二一年三月一五日付、長崎発ローマのイエズス会総会長ヴィテレスキ宛て書簡。

†3　内村鑑三"How I become A Christian", 1895.『余は如何にして基督信徒となりし乎』岩波文庫、一九三八年。

†4　『イエズス会と日本　二』（大航海時代叢書　第Ⅱ期7）岩波書店、一九八八年〔二六二頁〕。

†5　イザヤ・ベンダサン『日本教徒』山本七平訳編、角川書店、一九九七年。

†6　巻末に康正三年〔一四五七年〕に刊行と記されている絵入り仮名法語『一休骸骨』に所収。『一休道歌』禅文化研究所、二〇〇五年〔六八頁〕。

†7　イザヤ・ベンダサン、前掲書。

第一章　キリシタンの教えをどう説いたか

――『妙貞問答』とくに下巻での主張を見る

ハビアンが執筆した『妙貞問答』全三巻は、キリシタン時代の全体を通して最も親しみやすい、最もきちんと整理された、最も浩瀚なキリシタン教義の入門書である。この『妙貞問答』は、ハビアン個人の側からいえば、キリシタン唱導者として振舞っていた時期の彼の思想が集大成されたものと考えてよい。本章ではまず、この『妙貞問答』におけるハビアンのキリシタン教義の説きかたを見ていくことにしたい。[十一]

この『妙貞問答』が刊行されたのは、一六〇五年〔慶長一〇年〕、キリシタン時代も終末が見え始めた後半の頃である。豊臣秀吉の時代が終わって徳川家康が天下人になり、安定した江戸時代が開幕しつつあった時期である。この時ハビアンは四十歳前後、キリシタンになって二十二年、正式にイエズス会のイルマンになって十九年目であった。キリシタン知識人として、まさに脂の乗り切った時期であったといってよい。これをキリシタンの側からいえば、苦難の多い下り坂の時期である。そもそも刊行の十八年前、ハビアンがコレジオに入学する直前の一五八七年には豊臣秀吉のバテレン追放令が出されている。また、刊行の八年前の一五九七年には、宣教師や信徒二六人に対する初の公開処刑（二六聖人の殉教）がおこなわれている。

ハビアンがキリシタン教義を学び、キリシタンとしての修養を深めていったのは、そしてこの『妙貞問答』の刊行を準備していったのは、すでにキリシタンに対する社会的な逆風が強くなっていた時期であったことを忘れてはならない。『妙貞問答』における仏教・神道・儒教への批判が、また彼のキリシタン教義の主張が、どこかゆとりのない性急なもののように感じられるのも、こうした厳しい状況の反映として見ることができるのではないだろうか。

いずれにせよ、本書の刊行は、キリシタンに対して公的には禁圧が進み、世間一般の人たちの目が冷たいものになっていくなかでのことであった。しかし、キリシタンの宣教自体は南蛮貿易の陰に隠れるかたちで少しずつ推し進められていく、という複雑な様相を呈していた時期でもあった。

妙貞問答の目指すところ

この『妙貞問答』においてハビアンは、当時の日本社会に支配的であった仏教を上巻で排撃する。そして中巻では儒教と神道を排撃し、下巻でキリシタン教義の解説をおこなって、その優位性を示そうとする。こうした内容が、キリシタンの外部の立場から次々に問いを出す妙秀尼に対して、幽貞尼がキリシタンの立場から詢々と説いていく、といった二人の尼の問答のかたちで展開されていくのである。

上巻は、平家物語を思わせる流麗な筆致で無常観を説くことから始まる。ちなみに、出だしの文章はこのようになっている。

大唐国、我が朝の人の、或は四七の詩に作り、或は三十一《ミソヒトモジ》文字の歌に連ね、又は古き文の詞《コトバ》にも、浮き世の常ならぬ事をなん云いおき侍れども、意を尽くさざりし程は、只、行く水に数書くようになん有りて過ぎ侍りぬ。

これに続けて、石田三成の道理に背いた企てで世が乱れ、天下が二分されて関ヶ原の合戦となり、徳川家康が政権を取るに至った経緯が述べられる。そして、この問答の一方の主人公である妙秀が、石田三成に従う京都側に立って戦闘に参加し戦死した武士の妻であり、夫の菩提を弔うために出家した尼であることが紹介される。この妙秀尼が諸行無常の教えを学び、浄土に導かれることを仏に願っていたところ、最近キリシタンの教えが世の中でもてはやされ、僧や尼のなかにも元の教えを捨ててキリシタンの教えに入り、後生の憂いもなくなり救われた、ということを耳にする。そこでキリシタンの教えを説いてくれる人がいないかと尋ねていたところ、寂れた場所の一軒家で一人の女性と出会うことができた。この女性が祖父の家に隠れ住んでいた幽貞であり、祖父の縁でキリシタンの出家者の話を色々と聴聞してきていて、キリシタンの教えについて詳しく知っているという。そこで妙秀は幽貞との問答を通じて、仏教等の教えのはらむさまざまな誤謬を理解し、最後にはキリシタンの教えの正しさを知ることになる。

下巻の最後、妙秀尼の次の発言で『妙貞問答』の全体が完結するが、これがこの書の帰結であるといってよいであろう〔本章における以後の引用は海老沢有道による現代語訳でおこなう〕。

お尋ね申し上げましたことに一つ一つお答えくださいました理《コトワリ》は、どれも滅多にありえない殊勝なことと存じましたので、今は早く教会へ私をお連れ下さい。授法申しまして、これから後は、あなたとともに、同じ流れの御教えの水を汲んで、心の垢をすすぎ、来世に至るまでも変わらない友となるように致しましょう。かえすがえすもありがたいことでございます。

この『妙貞問答』の目指すところは、妙秀尼のこの最終発言に明確に示されているとおりである。ちなみに、この最終発言の前の問答、すなわち妙秀尼が最終的に何に得心してすべての疑問が氷解し納得したという気持ちになったのか、という問答は、以下のようなものである。先走るようであるが、まず最初にこの内容を見ておくことにしよう。妙秀尼は次のように問う。

これほどまで尊い教え、天地の御主《オンアルジ》のまことの御法《ミノリ》であるならば、もっと早く日本へも伝わり給うべきことでありますのに、どうして遅く伝えられたのですか。

これに対して幽貞尼は、大略、次の三点を答える。

（1）Ds（デウス＝御主）は天地万象の御作者であるから、キリシタン国の者ばかりを作られたのでなく、日本も大唐も、またどこの国々島々も作られたのであり、御法もすべての人に対して授けられたのであって、どこが早くどこが遅いということではない。しかし、御法には三種のものがあり、ナツウラ（自然）の教え、エスキリツラ（聖書）の教え、ガラサ（恩寵）の教えである。すべての人に初めから授けられている御法は、ナツウラ（自然）の教えである。これは誰に教えられなくても、盗みをすれば悪い、人に情けをかけ憐れむのは良い、と善悪を知り分けていることであり、この智恵の光に従っていけば迷うことがない。

（2）しかし人の心は自分の欲に引かれ、悪に陥っていくので、後の二つの教えを授けてくださったのである。エスキリツラ（聖書）の教えとは、十カ条のマダメント（戒め）を書きつけて、このように身を修めよと教えられたものである。しかしこれでもなお人の心が善に至ることが難しかったので、Ds〔デウス〕が肉体をお取りになってこの世に御生まれになり、十カ条のマダメントを守る力を初めとして、後生を扶かるための勤めをするためにガラサ（恩寵）の教えを授けられたのである。

（3）後の二つの教えはDs〔デウス〕から直接にではなく導師を遣わして伝えられたのであるから、すべての国里を一度に駆けめぐって教えることは出来ず、だんだんと近い所から遠い所へと広まるのである。そういうわけであるから、伝わるのが遅いからといって、それが何の欠点になるものでもない。遅く伝わっても、良いものは良いのである。

　ここでいわれているように、「基本的なナツウラ（自然）の教えは人類共通のものである、それを完成していくための方便を二段階に分けて教えたのがキリシタンの教えである」ということであれば、確かに、当時の日本人には受け入れ易い教えであったであろう。しかし当時のキリシタン＝カトリックでは（公式には一九六〇年代初頭の〈第二バチカン公会議〉まで）、「キリスト教の洗礼を受けない者は救われない（「パライゾ＝天国」に行けない）」という教義が正式のものであったことを忘れてはならない。ナツウラ（自然）の教えを強調する点に、山本七平が指摘するように、[†2]ハビアン独自の〈救い〉観（山本七平のいうところの「日本教」的心理基盤）、もっというと当時の日本人が（そして現在の日本人も）暗黙のうちに大前提としている「自然《ジネン》」を最重視する哲学が顔を出しているといってよいであろう。

更にいうならば、もともと民族宗教であった「ユダヤ教」の強い影響下に成立したことによってキリスト教にも必然的に流れ込んでいる強い選民意識が、この幽貞尼の説明の仕方には一切見られない。このことにも十分な注意が必要である。「自然法的な内的秩序感覚は全人類共通のものである」ということからの普遍主義的感覚が色濃く流れており、「自分たち（ここではキリシタン）だけが神から愛され特別の配慮を受ける集団（民族）である」といった選民的大前提が、ハビアンの思想にはまったくといってよいほど伺われないのである。

おそらくこの点においては、南欧から来ていた宣教師たちの多くと心理的な大前提を異にしていたのではないだろうか。後に『破提宇子』でハビアンが宣教師たちの傲慢さを強く批判するが、彼らの傲慢さと見えるものの底には無意識の選民意識が強く存在していたように思われてならない。

なお『妙貞問答』の最後に、「跋」として、この書の趣旨が次のように述べられている。

自分でこれを読み、明らかに知り、キリシタンの教えのありがたいことどもを理解されるようにと、綴り出しましたものです。巻の数を、上中下の三つに分け、上の巻には仏法が空無を本質としているのみでみな間違った教えであると嫌いしりぞけ、中の巻には儒教と神道の趣旨を論じて、キリシタンの教えとは遥かに違う理由を示し、下の巻にはわが宗キリシタンの教えの、真理を挙げ、あきらかに致してございます。

キリシタンの公式見解と妙貞問答

『妙貞問答』は、ハビアンの執筆したものではあるが、彼個人の思想の表現としてのみ見ることは適切でない、という指摘がある。確かにここで展開されている思想は、当然のことながら、当時のキリシタン当局の公式見解を反映したものでもある。

当時のキリシタンにとっての公式の教理書としては、『ドチリナキリシタン』〔一五九二年と一六〇〇年に、それぞれローマ字版と国字版が刊行されている〕が存在した。これは、プロテスタント諸派による「宗教改革」に対抗してカトリック側が開いたトリエント公会議で教理の明確化が論議され、それを踏まえて一五六三年に『ローマ・カテキズム』が制定されたが〔出版は一五六六年〕、これを日本語に訳したものである〔一五六八年には日本にもたらされ邦訳されたとされる〕。

これとは別に、もうひとつの公式教理書として、日本に最初にキリシタンを伝えたザビエルが、神道や仏教の誤謬を説くなど日本事情に即して独自に編んだカテキズモ（教理入門書）がある。これが発展したものが、ヴァリニャーノが数人の日本人イルマンと共に一五八一年に編んだという『日本のカテキズモ』と呼ばれる著作である。[†3] 海老沢有道は、これこそ『妙貞問答』の源流になったものであるとし、次のように述べる。[†4]

ハビアンがイルマンとしての修練期は、まさに本書（『日本のカテキズモ』）によって講義がなされていた時期であり、『妙貞問答』の発想のみならず、叙述様式も、本書に負うところの多いことが認められる。

『妙貞問答』はこのように、当時のキリシタン教団の公式見解を反映しており、また仏教・神道・儒教を排撃する論調についても、教団の先輩たちの仕事に負う部分が多かったであろうと考えてよい。

しかしながら、当時の日本人らしい独自のキリスト教理解を示す部分が少なくないことにも注意が必要である。そのうえ、当時の民衆に対する教理教育は、そのほとんどが日本人のイルマンや同宿によってなされた（南欧からの宣教師は言語の不自由さもあり、日本人と対になって行動し、主としてミサなどの儀式面を担当）ことを考えると、実際に当時の日本人信徒が受け止めたキリシタン教理は、教団の公式見解そのままではなく、ここで展開されている内容・論理にずっと近いものであったと考えてよい。

ここでは仏教を排撃した上巻、神道と儒教を排撃した中巻はひとまず置き、キリシタン教義を説く下巻に収められた二人の尼僧の各々三三回ずつの発言を取り上げて検討していくことにしたい。なお、この『妙貞問答』下巻の全体は次のような内容構成となっている。

(1) 貴理志端の教の大綱の事
(2) 現世安穏、後世善所の真の主、一体まします事
(3) 後世に生き残るものをアニマ・ラショナルという事
(4) 後生の善所をパライゾといって天にあり、悪所はインヘルノといって地中にある事
(5) 後生をば何とすれば扶かり、何とすれば扶からぬという事
(6) キリシタンの教えにつき、いろいろ不審の事
- キリシタンに誓詞・誓文はあるか
- 仏法神道を破っては王法も尽き仏神の守る我が国の安泰もないのではないか
- キリシタンの教えを日本に弘めるのは国を奪おうとの計画ではないか
- これほど尊い教えであるならもつと早く日本へも伝わるべきだったのではないか

現世安穏、後生善所という救い

さて『妙貞問答』の眼目となるのは、「キリシタンになることによって、結局のところ何がもたらされるのか」ということである。ハビアンは、キリシタンの教義を説く下巻の冒頭で、幽貞尼に次のような発言をさせる。

申すべきことが多いなかでも、まず第一には、現世安穏、後生善所の主でいらっしゃる一体のまことの扶け手をお知りになるべきこと。

第二には、その救われるべき者はなんであるかをお知りになるべきこと。

第三には、救われる者と救われない者とが行く所を聞かれるべきこと。

第四には、その救いの道とはなんであり、どうすればまた、救われないか、ということをお心得になるべきことが大切でございますから、これらの理をお話し申上げましょう。


どのような宗教でも、「入信すればこれこれの良い事がある」といったかたちで布教をおこなうのが通常である。もちろん、時には、この宗旨に入らねば「病気になるぞ」「社会的に不利益となるぞ」といった脅しによる布教もないわけではないが、通常は、その宗旨に入った場合に期待される何らかの利益を示して勧誘していく。こうした意味で喧伝される利益としては、「現世利益」「死後の幸福」「精神的覚醒」の三種が一般的であろう。

『妙貞問答』で「現世安穏、後生善所」がまず出てくる点は、宗派教派を超えて当時も今も一般的な「現世利益」と「死後の幸福」といった入信利益の示しかたとして興味深い。そして特に「後生善所」（＝死後に良いところに生まれ変わるという〈救い〉）を実現するための方法論として教義の核心が述べられようとしていることも、また注目すべき点である。

結論を先取りして簡単にいってしまえば、ハビアンの説く（＝当時のキリシタンの説く）〈救い〉の道とは、唯一の創造主の存在を認め、その創造主に帰依すれば、死んでから天国に行けるし、生きているあいだは幸福になれる、というものである。これは、基本構造としていえば、大衆向けの宗教が宗派教派を問わず古今東西繰り返し説いてきたところと同様の論理である。

しかしながら、宗教性なり霊性なりが洗練され高次元のものになっていくと、たとえば道元や親鸞も説いたように、「現世利益」や「死後の幸福」とは無関係な〈救い〉の論理が強調されるようになる。その場合には、脱「自我中心」的な「精神的覚醒」としての〈救い〉が主張されることが多い。イエス自身がガリラヤ湖畔を歩き廻って説いたところも「現世利益」や「死後の幸福」ではなく、「神の国の到来」（神の支配の下に生きるという生きかたへの転換）をキーワードとした脱俗的かつ脱自己中心的な精神的覚醒であった。しかし、この『妙貞問答』には、最後まで、こうした精神的〈救い〉（＝イエスのメッセージ）は、その片鱗も示されていない。

何者が救いを与えてくれるのか

もう少し具体的に、『妙貞問答』に示されている論理を追っていくことにしよう。特に絶対的帰依の対象としての創造主について、ハビアンは多くの言葉で説いている。幽貞尼の第二発言のなかで、現世安穏と後世善所の〈主〉こそ、つまり「現世利益」「死後の幸福」を与えてくれる存在こそ、キリシタンのいうDs〔デウス〕であり創造主であるということが述べられる。

この現世と後世の二世の主と申しますにも、偽りのものとまことの主との違いをよくご理解になることが大切です。……真の主と申しますのは、キリシタンで教えられるDsご一体よりほかにはないことなのです。さて、このDsと申すのは、どういう主でいらっしゃるかと申しますに、天地万物の御作者のことでございます。ですから、この天地万像には、すべての善と、すべての徳が備わっておいでの創造者一体が存在しないわけがない、という理屈さえお判りになられれば、それがすなわち真の主でいらっしゃるDsを認識されたことになるのです。

こうした万物の創造主であり主宰者である唯一の〈主〉・Ds〔デウス〕が存在するということを中心に、キリシタン的コスモロジーが縷々語られていくわけである。具体的には、この第二発言から第九発言までを通じて、次のように展開されていく。

幽貞尼からは「唯一の主Dsが天地万物の作り手であり、天体の運行から四季の動き、人間の姿形の形成から、一生の運命までを秩序づけ司る主である」ということが語られる。これに対して妙秀尼からは「寿命や幸福など現世安穏のために神に祈る、ということがキリシタンにもあるのか」という驚きが表明される。そして、「そうした天地万像の主である神は、一体ではなくて多く存在してもいいのではないか」という疑問が提出される。

幽貞尼はこれに対して、「万物の作り手は万能でなくてはならず、他にも主が存在するとしたら互いに衝突したらどうするのか」「それに、どの国に行っても人間は横眼鼻直であるところから見ても、唯一つだけの秩序がどこにも存在するわけであり、主は結局は一つだけである」と述べる。次いでDsの説明がなされ、始まりも終りもなく、最高の存在で、霊的実体（スピリツアル・スタンシア）で、全知全能で、慈悲と正義の主である、と述べるのである。創造主である唯一神の存在と、その神に対する絶対的帰依は、キリスト教（前身のユダヤ教においても）の第一原理とされてきたところであり、それがまず最初に説かれるのは当然至極のことといってよいかもしれない。

救われるものは何なのか

続けて妙秀尼からは、「救われるもの（＝後生にも続いていく実体）は何なのか」「人間にだけそうした後生があるのはなぜなのか」という問いが出される。そして、この問いの背後にある基本認識として、

（1）人の身は地水火風空の和合したものであって、死んで後は焼けば灰となり、埋めては地となり、水は水に帰り、火は火に帰って分散してしまうわけだから、何ものが生き残って苦楽を受けるのか、その時に〈吾〉が存在するのか、

（2）仏教でいうように、畜生五十二類も自分と同類であって、小虫であっても私と本質的に区別されるものではないではないか、先哲も天地同根万物一体というように、人間だけを別扱いして後生があるというのは、どういう根拠があるのか、

という根本的な疑問が提出される。これに対して幽貞尼は、第一〇発言から第一四発言で、万物を皆同じように見るのは間違いであるとして、次のような説明をする。

(1) 地上に存在するものは、一、セルの類（金石などの無機物）、二、アニマ・ベゼタチイバ（生魂）の類（植物）、三、アニマ・センシチイバ（覚魂）の類（知覚を持つもの、鳥獣虫魚）、四、アニマ・ラショナル（霊魂）の類（人間）に分けられ、後生を持つものはアニマ・ラショナルを持つ人間ばかりである。

(2) 万物は一体でなく、天地万物の作者は物それぞれを異なったものとして御作りになったのであり、人は人、獣は獣と、その性命を別になされたのである。セルの類（無機物）は命がないのであるから、後生もない。アニマ・ベゼタチイバの類（植物）は、生長するといっても非情無心であり、枯れたといってもそのままのことであり、後生などということはない。アニマ・センシチイバの類（鳥獣虫魚）は、知覚があるといっても、それは肉体の用をたす本能的なものであって、死ねば肉体は滅びるのであるから、後生はありえない。しかし、アニマ・ラショナルを持つ人間の場合には、肉体的な用のほかに、物の理を知り、仁義礼智信を心掛け、死後の名誉を思うなど、まったく別の用がある。こうした用の存する本体をアニマ・ラショナルというのであって、これは肉体と共に滅びるものではなく、後生にまで続いていくものである。

これに対して妙秀尼からは、「アニマ・ラショナルという、目にも見えない手にも取れないものがこの身の中に存在するといわれても、納得できない」「結局は、五常を守るとか是非善悪を論ずるとか名を惜しむといっても、それは色体（肉体）の用である、という考えかたもできるではないか」といった反論がなされる。

幽貞尼は第一五発言から第一八発言で、妙秀尼のこの反論に対し、次の二つの理由を挙げ、やはりアニマ・ラショナルは肉体的なものでなく、肉体と共に滅びるものではない、と言う。その理由の第一は、

(1) 是非をただし義理をわきまえるといった用が肉体的なものであるなら、どうして鳥獣にそれがないのか、両者とも、肉体的にいえば、地水風火の和合したものでないか、

というものである。もう一つの理由として、

(2) アニマ・ラショナルは肉体が望むことも理にはずれたことであるならそれを制してなさしめない、肉体的欲求を止めるのは肉体からでないアニマが存在するためではないか、

と言う。そして「結局のところこのアニマ（霊魂）は、母の胎内に父の種子を受けて肉体の下地が整うと、Dsからその肉体の中に作り込められて、これを肉体の主人と定められるのである」とする。これに加えて幽貞尼は第一九発言で「アニマ・ラショナルは四大の和合とも関係なく、色相でもなく、スピリツアル・ススタンシヤ（霊的実体）であるから、亡びもせず、なくなりもしないのだ」と言う。

さらに妙秀尼は「流転輪廻ということはないのか」と問う。これに対して幽貞尼は第二〇発

言で「釈迦が唯一の創造主を知らなかったため、今現在の貧福貴賤などを前世の業の応報と思い、また業によって五道六道に輪廻すると言い出したものである」とする。そして、輪廻ということがない理由を、次の三点から言う。

(1)私もあなたも前世があるなら、その前世でどんなものだったのか、どんな業を作ったからこのような身になったのか、どうして知らないのか。

(2)人間の慮智、分別は肉体的な姿形によるものではないから、現世で人間だったものが来世で鳥獣になるとしたら、どうして鳥や獣のなかに是非を論じ善悪を弁えるものが居ないのか。

(3)人間は現世での善悪によってDsが来世において永遠に続く賞罰をおこなうのであって、善所に至ったものは永遠の楽しみを、悪所に至ったものは永遠の苦しみを受ける。したがって、流転は不可能である。

後世ではどこに行くのか

妙秀尼は、鳥獣と人間の違いはよく分かったとして、人間の場合に後生で至るという善所・悪所について教えてほしいと言う。

これに対して幽貞尼は、第二一発言から第二三発言で、後生の善所は「パライゾ」といって天にあり、悪所は「インヘルノ」といって地中にある、という説明をする。Ds〔デウス〕は正義の源であるから、善人には賞を、悪人には罰を与えるのであるが、現実には正直者が苦しみ、悪者が楽しみ栄えていることが多い。したがってDsによる賞罰は、現世でなく来世におこなわれると考えなくてはならない。そして、その賞罰として与えられる後生の善所と悪所について、次のような説明をする。

善人の行く善所は、天の重ねを十一天に作られた時に、その十一天目に定められ、パライゾと呼ばれ、アンジョ（天使）が無数に居る。これは日本の言葉では極楽という意味であり、人のアニマが扶かるというのは、ここでアンジョと同じ楽しみを受ける、ということである。仏教の誤った教えとは違うことを理解していただきたい。このパライゾでは、Dsを拝し、アンジョを友とし、永久に安楽が全うされるのである。キリシタンの教えに従うならば、このパライゾに至ることは疑いないことである。

インヘルノと呼ばれる地獄は、もともとの起こりは、Dsが美しく融通無碍なアンジョを無数に作られ、Dsの位だけは望んではならないとの唯一の誡めを与えられたのであるが、アンジョのなかのルシヘルというものが、高慢心にかられ、仲間のアンジョを誘ってDsの位に就こうと背いたので、その一党を天上から追い落としてこの地中の獄所に押し込め、毒寒毒熱の苦しみを与えたことに始まる。この元アンジョたちが天狗（悪魔）である。人間も現世でDsの教えに従わず、悪逆無道のおこないをする者は、ここに落ち、永遠に悪魔と同じ苦しみを味わうことになる。ここに行かぬためには、キリシタンになって、その教えに従うことが最も大切である。ついでにいうと、神仏による神変不可思議なことというのは、この悪魔が愚かな人間をたぶらかして尊敬を得ようとしておこなうものである。

後生の扶かりを得られない者

ここまで聞いた妙秀尼は、これほどまでにDs〔デウス〕は優れた存在であるのに、どうして人は誰もがDsを見知り敬うということをしないのか、そのうえに後生が扶からぬ者まで居るのはどうしてなのか、と問う。これに対して幽貞尼は、第二四発言から第二七発言で、人祖アダンとエワの罪と、その贖罪のために御子ゼズ・キリシトをこの世に送った、というキリシタンの教えを話す。この要点は、次のようなものである。

(1) Dsは天地を作られてから、万物の霊長としての人間の元祖の男女、アダンとエワを作られ、パライゾ・テレアル(地上楽園)に置いた。その時には二人とも、すべてが思うままに満ち足り、不老不死の徳まで与えられていた。一つの戒めがあったのであるが、天魔がパライゾ・テレアルに忍び込んでアダンとエワをだまして悪い道に引き入れ、天の戒めを破らせたので、アダンとエワは不老不死の徳を初めすべての徳を失い、パライゾ・テレアルから追い出された。このため、その子孫まで天命に背く者となり、その末孫らは次第にDsのことさえ伝えを失い、今では人々は皆Dsを見知らぬようになったのである。後生を扶からぬ者があるというのも、これから始まったことである。

(2) アダンとエワは戒めを破った後の身の上と、子孫の上に現れてくる難儀、困難を見て、Dsに背いた罪の大きさを反省し、天を仰ぎ地に伏し深く後悔して身を責め、心を砕き、この罪を許し給えと、恥と懺悔の心を深く持ち、涙の床に伏し沈み、その身を初め子孫末孫まで、罪を後悔する者の後生を扶け給えと

Dsに祈ったので、Dsは大きな慈悲の心からゼズ・キリシトをこの世に誕生させたのである。

（3）ゼズ・キリシトは、帝王ダビツの子孫である大善女マリアが、一生貞潔でおられたところ、その胎内に夫婦の交わりなくDsの御力を持って宿り、人の世に生まれ、罪を滅ぼし善に生きるため、償いとして苦しみを受け、死んで三日目にまた元の身体に甦り、その後四十日で御昇天された。このこと以来、また人間の扶かる道が始まったのである。その弟子たちのうち聖務の長をサン・ペイトロといい、代々の後継ぎをパッパと呼んで、キリシタンの本国イタリアのローマという都に本山を立て、かのサン・ペイトロから現在のパッパ・ケレメンテまで二百三十五代、嫡嫡として相承けて絶えたことがない。

（4）今のあなたや私が扶かる道に入る方法は、バウチズモ（洗礼）の授かりを受け、十のマダメントを保ち、Dsを敬うことである。そうすれば現在も安らかであり、後生は善所疑いなしである。扶からない者とは、キリシタン宗にも入らず、マダメントも保たず、Dsを崇めない人であって、未来永劫に浮かぶことのないインヘルノの苦しみを受けることになる。

（5）Dsが授けられた十か条のマダメントは、次のようなものである。

1. 御一体のDsを大切に敬い奉るべし（キリシタンになったら一切の神仏のことを用いてはならない）。
2. 尊き御名にかけて空しき誓いをなすべからず。
3. ドミンゴ（主の日＝日曜日）をつとめ守るべし（ドミンゴは八日目ごとに廻ってくる日であり、この日は、キリシタンの教会のあるところでは、そこに参詣し、祭儀を拝み、説教などを聞くべきである）。
4. 父母に孝行すべし（弟は兄に随い、臣は君に二心なく忠義を尽くせ、ということまでも含む）。
5. 人を殺すべからず（殺すべき科のない者をば殺すな、とのことである）。
6. 他犯すべからず（男女とも夫婦の外では、どんな方法であっても淫犯は禁止）。

7. 偸盗すべからず。
8. 人に讒言すべからず（すべて偽りを言ってはならない）。
9. 他の妻を恋慕すべからず。
10. 他の宝をみだりに望むべからず。

特に淫と欲は起こり易い悪であるから、心のなかで思うだけでもいけない、とされる。また、この十か条のマダメントは、Ds〔デウス〕御一体を敬うことと、吾が身を思うように他人をも思うこととの二つに要約できる、とされている（これは基本的には「モーゼの十戒」であるが、一部、内容が変容している点に注意が必要である）。

さて、ここで（3）として挙げた点に、やっとゼズ・キリシトが出てくる。しかしながら、少なくとも次の三点において、問題をはらむ説きかたと言えるのではないだろうか。

一、父なるDs・独り子であるゼズ・そして聖霊の三者が、ペルソナとしての現れにおいては個別であるにしても本質としては一体である、といったカトリックの伝統として最重要なものの一つ「三位一体」の教義が出てこない。

二、Dsが全人類に及ぶアダンとエワの原罪の償いとして、独り子をこの世に送り、贖罪のいけにえとしたことによって全人類に及ぶ原罪からの解放が実現したという、これもまたカトリックの伝統において〈救い〉の原理とされてきた「パウロ的教義」の説明が弱い。

三、ゼズ（イエス）自身の語った肝心の教え、特に印象的な「まずしい人は幸いである」「泣く人は幸いである」などの山上の垂訓、「野の花を見よ」「幼子のようでないと神の国には入れない」「弟子の足を洗うほどの謙虚さが不可欠」「偽善をするな」などといった考えかたについては、その片鱗も語られない。

こうした点は、ハビアン自身が受けた当時のキリシタンの教義教育の弱さであっただろうし、また、当時の南欧的カトリック世界に拡がっていた教義理解（＝コスモロジー）の特徴を反映したものであったと考えることも出来よう。しかし当然のことながら、当時の公式の教理書である『ドチリナ・キリシタン』においては、「三位一体」の教理についても、神の独り子が贖罪のため受肉したとする教理についても、明確に述べられていることを付言しておきたい。

『妙貞問答』ではこの後の部分で、〈救い〉の問題とは直接の関係はないが、キリシタンも誓紙・誓文を守るということ（幽貞尼の第二八発言から第二九発言）、キリシタンが広まっても王法は廃れないということ（幽貞尼の第三〇発言）が説かれている。

キリシタンの教えを広める目的

最後に近い部分で、「キリシタンの教えを広めるのは国を奪うためではないか」という当時広く流布していた見かたについて、反論がなされている。

まず、幽貞尼の第三〇発言と第三一発言において、日本の国は奪おうとしても奪えるものでないと、次のような理由を挙げて説明される。

一、キリシタンの国と日本との距離は、片道で三年の航海を要するほど離れている。そうした遠距離から軍勢を渡し、食料を運び、陣を張り、戦をするなど不可能である。

二、日本は昔から兵乱ばかりで、武勇の道になれ、弓矢を取っては唐土や天竺に勝り、人の心も剛毅であるから、よその国を取ることはあっても他国には決して取られない。

三、軍勢でなくパアデレによって国が取られるという話もあるが、パアデレは決してそのような人たちではない。

そして、パアデレの来日布教の真の意図を語るかたちで、幽貞尼は、第三三発言において次のように述べるのである。

日本は人の心も立派で後生菩提の願いをするけれども、まことの道を知らないから、それに迷っているものを導き、現世安穏、後生善所の徳を得させようとするために、弘められている教えでありますから、外には善に勧め、悪を懲らすところの倫理を教え、利欲を離れ、危機にある人を救い、困窮している者をたすけ、内にはまた天下の泰平、君臣の安穏を祈って、孝行、従順をはじめとし、高い位にあるものを敬い、賎しい人々をあわれみ、自己を責めて戒律を守り、現世のすべての宝、位をば破れ靴を捨てるよりもなお軽んじて、世をいとい離れた本当の出家でいらっしゃるのに、日本を奪うために渡来されたなどと、悪い推量をするものは本当の人ではありますまい。

妙秀尼も、これに対して、次のように述べて賛同する。

本当に、このキリシタンの出家衆は他の宗門のそれとは変わって、利欲を離れ、かえって慈悲、施しを専らとし、現世を離れ切った人々でいらっしゃるのを、いわれもないことを人々は申すものでございます。

こうしたバアドレ観は、当時のキリシタン教団を守るために表明された建前的なものであって、ハビアンは後に『破提宇子』において、痛烈なかたちで実際のパアドレのありかたに対する批判を開陳することになる。

以上に見てきたところから、ハビアンの主張した（当時のキリシタンの多くが持っていた）〈救い〉の論理を見てとることができよう。教義内容として当時としては珍奇な香りのする南欧的世界観や論理が持ちこまれているとはいえ、結局は、「善いことをすれば現世では栄え、後生では善所（天国＝パライゾ）に行ける」ということである。精神的な深みの点でいうと、当時の多くの日本人に拡がっていた大衆的な宗教意識に応えるものではあったであろう。しかしながら、ごく少人数ながらも存在したであろうと推定できる当時の仏教の最も深い部分（精神的覚醒への志向）に生きようとする人（たとえば真宗の妙好人的な人、禅宗の無名の修業者など）と太刀打ちできるものであったのかどうか、疑問が残るところである。

†1　井出勝美・海老沢有道の校訂によって、一九九三年刊行の『キリシタン教理書』（キリシタン研究第三十輯、教文館）に収録されているものを基本とする（引用の際にはカタカナ書きの部分をひらがなに改め、時に送り仮名を加えるなど、若干の変更を加えた点がある）。また、理解の容易なように、引用の際には、できるだけ海老沢有道による現代語訳（『南蛮寺興廃記・妙貞問答』東洋文庫14、平凡社、一九六四年）を用いる。なお、改行と読点は筆者によることがあり、また海老沢が補った言葉は省略した場合がある。

†2　イザヤ・ベンダサン（＝山本七平）『日本教徒――その開祖と現代知識人』角川書店、一九七六年。

†3　松田毅一・海老沢有道『エヴォラ屛風文書の研究』（ナツメ社、一九六三年）。また、海老沢有道他編著『キリシタン教理書』（キリシタン研究　第三十輯）を参照。

†4　海老沢有道他編『キリシタン書・排邪書』（日本思想体系25、岩波書店、一九七〇年）の解説〔五一七頁〕。また、海老沢有道訳『南蛮寺興廃記・妙貞問答』（東洋文庫14）の解説〔二一六〜二一七頁〕でも同趣旨のことを述べる。

第二章　仏教思想との対決

――『妙貞問答』上巻での主張を見る

キリシタンが日本に入ってきた際、対決し打ち破らなくてはならなかった最も根深い土着宗教思想は、仏教諸派のものであった。日本古来の神道思想は、すでに渡来仏教と融合し、日本仏教の基底的一部を成すものとなっていた。また、中国文化の永年にわたる影響下で日本社会の一般的規範意識を支えるものになっていた儒教は、きわめて世俗的なものであり、宗教思想という面からいえば、当時の庶民にはほぼ無影響だったといってよい。

フランシスコ・ザビエル以降、宣教師たちは各地で仏教僧との宗論をおこなっている。その過程でキリシタン側からの対仏教理論が形成されていったが、その第一段階の集約は、ヴァリニァーノによる所謂『日本のカテキズモ』[†1]であるといってよい。これを詳細に研究してきた海老沢有道は、フロイスの『日本史』の一五八〇年の部分に「巡察師（ヴァリニァーノ）は諸宗派に通暁している二、三の日本人とともに、詳しく、かつ、よく秩序立てられたカテキズモを編した」と記述されているが、これがそれに当たる、と解説している。[†2]この『日本のカテキズモ』においても、仏教の概略が述べられ、その批判的吟味がなされている。

しかし、仏教の教えの全体像を各宗派の教義内容にまで立ち入って詳細に描き出し、それぞれに対する批判を試みたものは、その意味においてキリシタン側からの仏教批判の集大成と呼ぶべきものは、ハビアンの『妙貞問答』の上巻[†3]であるといって差し支えないであろう。なお、『日本のカテキズモ』における仏教理解が、『妙貞問答』上巻の場合と同様、どこか禅宗の匂いのする「悟りの仏法」を中心としているように思えるところから見ると、元・禅宗修業者であるハビアンがヴァリニァーノの仏教理解についても良き助力者の一人であり、『日本のカテキズモ』の仏教批判の土台をつくった一人ではなかったか、とも推察される。

この『妙貞問答』上巻は、一六〇五年〔慶長一〇年〕頃の著作と想定されているから、ザビエル来日から五十年あまりの仏教との対決の蓄積が集約されたものである。しかもハビアン自身、年若い頃は禅宗寺院で修行生活をし、仏教思想を学びつつ成長してきたわけであるから、当時のキリシタン側の知識人として最適最高の仏教理解者＝批判者であったとしてもいいであろう。さらにいえば、キリシタン側に身を置く以上、ハビアン自身の内面的必然としても、仏教思想との対決と克服が重要な課題であり続けたことは想像に難くない。

『妙貞問答』上巻の内容構成は、序文の後、「仏説三界建立の沙汰之事」「釈迦の因位誕生之事」「八宗之事」と題する総論があり、続いて「法相宗之事」「三論宗之事」「天台宗之事　付日蓮宗」「真言宗之事」「禅宗之事」「浄土宗之事　付一向宗」というかたちで各宗派の基本的な考えかたを提示して説明し、時に批判を加えている。批判的な視点を入れ込みながらではあるにせよ、総合的な仏教事典の趣きをもつ著作といっても過言でない。

仏教の世界観への批判

仏教思想について、まず批判的否定的な視点に立って挙げている点は、仏教の基本的世界観が虚構であるということである。これは、世界の捉えかたに関する仏教神話の迷妄性を、当時のヨーロッパの科学的研究の成果をも踏まえて理性的に批判し打ち破る、というかたちをとったものである。『妙貞問答』上巻の「仏説三界建立の沙汰之事」の部分では、これを次のように展開する。

まず、仏教神話的にいうと世界の中心には須弥山《しゅみせん》があるとされる。しかし、そうした存在そのものが嘘偽りであるとして否定される。天竺・大唐・日本のはるか北にあって水の上に出ている部分だけでも八万由旬（日本里で五三万三二〇〇里余）の高さをもつとされるが、これだけの巨大な高さをもつ山であるなら日本からでも見えるはずではないか、と言う。しかも、キリシタンの学問の成果からいえば、世界の大きさは七七〇〇里余でしかない。それほど大きな山が存在するなら世界のどこからでも見えるはずではないか、やはり須弥山などというものは嘘偽りでしかない、とするのである。そして、もし須弥山が嘘偽りであるなら、それを中心にして組み立てられた世界の説明の仕方は総て嘘偽りでしかない、ということになる。

また須弥山は、金輪・水輪・風輪から成る三輪に位置しているともいわれるが、そんなことはありえない、とも言う。一番下に風があって、その上に水が、またその上に金が乗っていると言うが、風の上に重い水が、その上にまた重い金が、などということがあるわけはないではないか、と笑うのである。

さらに、日や月は須弥山の腰のあたりを廻っていると言うが、これもまた変ではないかと言う。たとえ須弥山が存在するとしても、日も月も東から出て頭の上を通り西に入るのであって横に廻るわけでない、なぜそんなことを言うのかと。

これに加えて、月の満ち欠けや日食月食のことなどについて、仏教では荒唐無稽な説明をしているが、これらは太陽と月と地球の位置関係から総て科学的に説明できる現象である、とも述べる。そして須弥山を中心に説明されてきた日本・唐土・天竺という地理的な位置づけも、京都や堺の商人が最近実際に唐土や天竺に行き来するようになり、まったく虚妄だということがはっきりしているじゃないか、と言う。

ここに紹介してきた諸点は、まさに当時の仏教の教えが孕んでいた古典的な世界観の虚妄性を批判して打ち破ろうとするものではある。しかし、当時の日本の仏教徒でさえ、須弥山を中心に置いた世界観などほとんど無関係だったであろう。しかもこれは、宗教思想としての仏教の本質とはいささかも関係のない批判であり、仏教批判の最初に、まずジャブを放ってみているといった感もある。

さらにいえば、同じかたちでの批判がキリシタン＝カトリックの教えに対する場合にも十分可能ではないか、との思いも免れない。たとえば、「天動説を聖書に基づくものとして擁護し、地動説を唱える者を弾圧してきた」という歴史的事実を思い起こしてみてもいい。天動説はまさにある時期のカトリック教会が持っていた根幹的な世界観であり、そうしたコスモロジーの虚妄性をここで述べたのと同様なかたちで理性的に批判することは十分に可能だからである。しかし、だからといって、それがキリシタン＝カトリックの宗教思想そのものに対する批判になりえないことは明白である。同様なことは、進化論に関する問題等々についてもいえるであろう。

こうした批判の仕方をまず最初にハビアンが提示したのは、キリシタンの教えが理性的かつ知性的な立場に立つ優れたものである、という印象を与えんがためであったのかもしれない。啓蒙的な高みに立って、自己の主張の理性的かつ知性的な絶対的優位性を誇示しようとしたもの、という印象がどうしてもある。二十世紀の中頃から後半にかけて、日本のある党派が「科学的」を標榜して自己の主張の絶対的真理性を主張する姿勢をとっていたことが思い起こされたりもするのであるが……。

人間である釈迦が救えるか

『妙貞問答』上巻における仏教批判の核心は、「仏教で本当に後生が救われるのか」という点である。これは当時の民衆の宗教意識からいっても、最も中心になる論点といってよい。「釈迦の因位誕生の事」の部分では、これを以下のように展開する。

まず妙秀尼が、たとえ仏教で説明する世界観が虚妄だとしても、仏の教えによって死後の〈救い〉が保障されるならそれでいいではないか、という論を持ち出す。本質を問わない実用主義的で現実的な発想である。この問題提起に対して幽貞尼が、

仏の教えにて後の世をさえ助からば元より何の不足かあるべきなれども、それこそ、ならぬ事の第一にてはべれ。

（仏の教えを受け入れれば死後の〈救い〉が実現するということなら、もちろん何の問題もないのだけれど、それが出来ないことこそ第一の問題ではないか）

ということで論じていくのである。ここでの幽貞尼の主張の核心は、釈迦は結局のところ人間であり、いくら悟りを開いたといっても、人間でしかない者が他の人間に後生の救いを与える事など不可能ではないか、ということである。そして次のように強調するのである。

人の後生を助くるには、人の上なる御主《オンアルジ》ならでは叶べからず。

（人間に死後の救いを与える事のできるのは、人間を超えた御主＝デウスでなければ不可能である）

この結論に導くため、ハビアンは釈迦について伝承されてきたところを、時に批判を加えながらも紹介していく。

たとえば、釈迦は中天竺のマカダ国の浄飯王の妃マヤ夫人が白象の右の脇から胎内に入る夢を見て身重になり、四月一〇日に誕生したと伝えられる。その誕生の際に、七歩歩いて右の手を上げ、「天上天下　唯我独尊」と唱えたというが、それは高慢がすぎて徳を失うものではないか、と批判する。そして、禅の祖師の一人である雲門は、「自分がその時に生まれ合わせていれば、そういう傍若無人の子どもは棒で撃ち殺して犬にくれてやったものを」と言ったというが、その通りではないか、とも言う。さらに釈迦は、結婚して子どもをもうけ、王宮を出て修業し、三十歳の時に菩提樹の下で明星を見て悟りを開き、五十年間各地で説法をして、八十歳の時にバツダイガ河のほとりの沙羅林《しゃらりん》の中で死去された（涅槃に入られた）といわれている、と紹介する。そして次のように述べるのである。

是は人にて侍らずや。妻を帯し子を儲け、生まれつ死につしたるをば、人とならでは云うべからず。

（これはまさに人間ということではないか。妻をめとり子どもを儲け、生まれて死んだということなのだから、人間としか言えないではないか）

総てが空であるとするなら

人間である釈迦に後生は救えないという論点に加え、「釈迦は悟りを開いて覚者になったといわれるが、その悟りの内容こそ、後生の救いとは無関係なものではないか」という論点を持ち出す。

釈迦の悟りとは、結局のところ「総ては空である（畢竟空）」ということだったではないか。そして「仏だから尊いということでもなく衆生だから拙いということでもない、地獄も天堂（天国）も何処にもあるはずはない」ともいわれているではないか、と述べる。こういう悟りを開く人なら誰でも仏＝覚者と呼ぶ、というのが結局のところ仏法ではないか、と指摘するのである。

これに対して、妙秀尼のほうも反論を試みる。確かに仏も元は凡夫といった様子を示しておられるが、それは衆生を救うための方便でしかない。仮に生き死にの様相を現しておられるけれども、実は遠い昔から存在して居られた御方である。これは法華経にもいわれているところである、と言う。そのうえ、地獄も天堂もない、という見かたも誤りである。一切の存在は空無に帰すると考える断見も、永遠に続くと考える常見も仏法では嫌い離れて、非有非空の中道に安心する、というのが本当の悟りなのである、と述べる。

釈迦としてこの世に現れたのは、永遠の仏（法身）が衆生を救うためにそうした姿（応身）

をとられたのである、といういいかたは、大乗仏教になると各派で出されてくる。こうした発想の仕方は、キリシタン＝カトリックの教えの基盤となっている三位一体の考えかた（父なる神・子たる神・霊なる神が本質的には一体である）と基本的に同様のものといってよいであろう。どの宗教でも時代を経ていくなかで、根本となる教えの尊重よりも、それを唱導した人自身に対する尊崇のほうに重点が移っていき、唱導者の神格化がなされる、という傾向が見られる。

キリスト教においても、イエスの教え自体が見失われて、イエスは人類の罪のためにみずからを贖罪の生贄としたという意味での「救世主」だったのだ、という捉えかたになっていった経緯がある。そして、永遠の存在である神（父なる神＝法身）が特定の時期・場所に現れ人間の姿で人間の生活をしたという姿（子たる神＝応身）がイエスである、という信仰を持つことに繋がっていく。これがキリシタン信徒の基本的な信仰内容であるはずなのに、ここで妙秀尼がこうした指摘をしていること（＝ハビアン自身がこうした問題を提出していること）自体、きわめて興味深い点ではないだろうか。こうした点は、三位一体論がキリシタンの教理のなかで必ずしも十分には理解されていなかった（父なる神のみに関心が集中していた）ことの反映であるのかもしれない。

問答のなかでは、妙秀尼に対して幽貞尼は、お経の内容をよく勉強しておられるようであるが、しかし今申された考えかたもまた誤りである、と説いていく。

ここで幽貞尼は、仏教で「久しい昔から存在していた仏」といっているのは、本質的にいえば「何も存在しない虚空」ということ、これを禅では本分とか仏性と、天台では真如と呼んでいる、と言う。つまり仏法の核心は「あらゆる存在は空より出て空に帰する」と見るわけであるから、釈迦だけでなく貴女も私も、昔から仏といわれてきた方々も即是空であって、結局は何もないのである。観普賢経ではこのことを「我心自空にして罪福無主」と説いている。

釈迦の悟りの内実をいえば「自分は永遠の過去からの仏である」ということであるが、これは「自分は空である」ということ。これはまた「無」ということである。仏性というのは、この「無」ということを知る、ということなのである。この「無」ということを知りさえすれば、八宗、九宗というが、どの宗旨でも結局は違いなどない。「分上《ワケノボ》る麓《フモト》の道は多けれど、同じ雲井の月を見るかな」（山に登っていく道は麓ではたくさんあるけれど、結局は山の上に登っていけば、同じ月を見ることになるのだ）といわれているとおりである。ここで「雲井の月」というのは「真如の月（絶対的な不変の真理を明らかなかたちで指し示すもの）」ということであり、「虚空仏性」つまり「無」ということである、と述べるのである。

以上、仏教では後生は救われないといっている理由は、二つある。

一つは、人間である釈迦には他の人間の後生を救うことなど不可能であるということ。もう一つは、仏教の基本的な教えは、すべては空（つまり虚無）であるということであり、前世も後生も存在しないということである。とくに後者の主張は、ハビアンの深い仏教理解に支えられた理性的なものといえよう。ひょっとするとハビアン自身が、本音としては、ここで解説している仏教的な「すべては空」という考えかたを心の奥底のどこかに持っていたのではないか、と思わせられる響きがないではない。

興味深いことに、ハビアンは仏教の基本的死生観とも言うべき輪廻転生のことを、批判の対象としていささかも語っていない。さらにいえば、前世の因果によって今生の幸不幸がもたらされているといった宿命観も仏教批判の対象として語ろうとしない。当時の仏教信者は、こうした輪廻転生や前世の因果といった観念に強く縛られていたと思われるのに、ハビアンはそれらの観念を仏教の本質的な思想とは捉えなかったのであろう。こうした点においても、ハビアンの仏教理解が若い時の禅宗の修行を基盤としたもの（したがって「空」が繰り返し強調される）であったことがうかがえるように思われる。

さらにいえば、ハビアンの仏教観は、禅宗的な「悟りの仏法」に偏しているようにも思われる。鎌倉時代以降の民衆レベルでの仏教には、法然や親鸞など阿弥陀仏信仰の系統をひく他力本願的な「救いの仏法」が拡がっており、また日蓮など法華経重視の系統をひいて、人々の幸せのために身を捧げる菩薩道的な「誓願（使命感）の仏法」もあったわけである。しかしながら、ハビアンはこうしたかたちの「救済」にはほとんど関心を払っていない。

こうした点はキリシタンの公式見解ともなっていたようである。『妙貞問答』に先行する

『日本のカテキズモ』においても、仏教の特性は以下の四点に集約されていて、やはり「悟りの仏法」を中心とした仏教理解の色が濃厚である。

（1）仏教では、あらゆる存在や現象の根元となるものについて色々な概念で語っているが、結局のところは、無念無想、空々寂々といった心理的な境地に帰着させているだけで、実体的な論議をしようとしない。

（2）仏教では、座禅三昧において廓然無性という境地になる、というようなものである。

（3）仏教では、万物には本分があり、すべてはこの本分から生じ、またこの本分に帰着するのであるから、結局は天地同根、万物一体、三界唯一心と見る。

（4）仏教では、人間の心は仏の特性をもつとするので、仏も人間も本質的には同一であり、来世もなく現世のみが存在するとする。

（4）仏教では、座禅三昧において悟りを得ることによって輪廻の迷いから離れる、とする。

さらにいえば、ハビアンの仏教批判のなかには、座禅を組むこと、「南無阿弥陀仏」といった念仏や「南無法蓮華経」といった唱題のかたちで短い文句を繰り返し口にすること、等々といった仏教的な〈行〉の面について、ほとんど語られていない。

触れているとすれば、真言宗の阿字観（吸う息・吐く息を観じる瞑想法）くらいである。ハビアンは寺院生活の経験もあり、また市井の多くの仏教徒は念仏や唱題をおこなっていたわけである。こうした〈行〉によって一定の〈覚〉（「すべては空である」とか「生かされて生きる」など）に導かれることがあるわけであるが、そうした宗教的な生活や修行のありかたについては関心がなかったということであろうか。

言い換えるなら、ハビアンの宗教観には実践論がきわめて乏しいのである。意識世界の変革の問題や人の実存的な面での問題を軽視し、客観世界の構造（唯一の創造神の存在、地獄や天国の存在、等々）の問題に関心を集中させている点にも、実践性の希薄さが伺われるといってよい。

いずれにせよ、『妙貞問答』上巻の結論的な主張は、「仏教では後生は救われない」ということである。この巻は、最終的には次のような末尾の言葉で結ばれている。

仏法と申すは、八宗、九宗、十二宗共に、今まで申したるごとく、皆後生をば無きものにしておく也。袈裟衣を着、仏事、作善と云うも、唯不断の世諦、世間の見掛け也。後生の助け、後の世の沙汰と申すは、貴理師端の外にはなしと、心得給ふべし。

（仏法といわれるところは、八宗、九宗、十二宗と分かれてはいるが、どの宗派でも、今まで述べたとおり後生はないものとしている。僧侶が袈裟衣を付け、仏教の儀式などをやるとしても、それは世間体を取り繕っているだけの見せ掛けのものに過ぎない。後生の救いとか死んだ後でどうなるかということは、キリシタンの教え以外には無いとお考えいただきたい。）

仏教の主要な宗派の教え

少し先走ってしまったが、妙秀尼は、仏教には後生の救いがないことを概括的に述べた後、主要な宗派について、その教えの概要を解説していく。

まず、仏教の教えには「権」と「実」の二つの面があると言う。「権」とは本当の教えに入らせるための方便であって、表面的には仏もあり地獄もあり天堂もあると教えながら、本当のところは地獄も天堂もないのだと教えていることをよく御理解いただきたいと言う。そして八宗（八つの仏教宗派）のことを、貴女はどのように聞いているか、と尋ねる。

幽貞尼は、八宗といわれるのは、倶舎・成実・律宗・法相・三論・華厳・天台・真言のことであり、これに禅と浄土を加えて十宗、さらに一向宗と日蓮宗を加えて十二宗とも言う、と述べる。これらを理論的に深く尊い「大乗」と、理論的に浅く尊さも薄い「小乗」に分けるなら、倶舎・成実・律宗は小乗であるとする。

倶舎宗とは、四世紀に北インドのガンダーラで活躍したヴァスバンドゥ（世親）が、未だ小乗仏教の立場であった頃（後に大乗の立場に転じるが）の著作『倶舎論』三〇巻を基としたものであって、修因感果（因となる善悪を修することによって果としての報いを得る）の考えかたである。この修因感果とは、現世で菩薩行をすれば来世で報われて仏になる、というものであって、まったく大乗とはいい難い教えである。

成実宗とは、ハリヴァルマン〔訶梨跋摩〕が『成実論』一六巻あるいは二〇巻を著し、それを基としたものである。成は能入ということで悟っている人のことに関わり、実は所入ということで悟りの内容のことであって、そこから成実という名がきている。端的にいえば、自我も法も空である、ということである。これは大乗の教えとされていた時期もあるが、後には小乗の教えとされた。

律宗は、戒律としていろいろ守り戒めることを宗旨の基本としたものである。戒律の内容は広範にわたるが、結局のところは「止持の戒」ということで、不殺生・不偸盗・不邪淫・不妄語・不飲酒といった五戒を犯すな、という「止める」ものと、「作持の戒」ということで、さまざまな「善を行え〔諸善奉行〕」というものとの二種である。

ここで妙秀尼が口を挟む。仏法では後生がないとするならば、さまざまな戒律があるというのは変ではないか。戒律というのは、本来は後生の助かりのために守るものではないか。このように不審を述べるのである。

これに対して、幽貞尼は次のように言う。

戒律は一見、後生の助かりのためのように思われるが、実はそうでない。仏法での助かりというのは、嬉しいことも悲しいこともなくなることであり、これを真如とか「平等の台に至る」と言う。だから究極的にいえば、善と悪とは違うものでなく〔善悪不二〕、邪と正は同じもの〔邪正一如〕といわれるのである。仏法で目指しているのは、無心無念の知恵〔般若〕を持つことであり、また何も無いという真如の境地になること（到彼岸）である。これを達成するために戒律があるのであって、後生の助かりのためではない。このように言い切るのである。また、出家するときに受戒といって戒律を授けられるが、これも後生のためではなく、外的世間的に僧としての姿を示すための作法である。だから今時は、戒律の具体的内容にも当世風のものが少なくないと言う。

次に大乗の教えということであるが、法相宗と三論宗の場合は、「権大乗」と呼ばれることがあるように、まだ本格的な大乗ではない、とする。

法相というのは諸法（あらゆる事物・事象）が具える真実の相のことであって、これは、心の本体である識がさまざまなかたちをとって仮に現れたものである。このように識を中心に置くので、法相宗を唯識宗と言うこともある。この法相宗の教えは、山も海も川はもとより、自分の感覚するもの思考するもののすべてが自分の心のなかにあるということである。何かが心の外にあると思うのは迷いであり、また、心のなかにあるものを実体だと思うことも迷いである。このことを悟るためにおこなわれるのが、唯識の空実の観といわれる観法であって、遣虚存実識・捨濫留純識・摂末帰本識・隠劣顕勝識・遣相証性識と呼ばれる、浅いものから深いものまでの五段階がある。このように幽貞尼は説いて、それぞれの段階の観法の具体を解説していく。

こうしたかたちで、幽貞尼は次々と各宗派の教義の概要を細部にまでわたって述べていく。

簡にして要を得た叙述であり、ハビアンは一二六八年に書かれた華厳宗の学僧・凝念の『八宗綱要』[†4]を読み、これを参照していたのではないかといわれる。問答のなかでは、妙秀尼が「どうして各宗のことをそんなに詳しく知っているのですか」と尋ねたのに対し、幽貞尼は「私の夫と御縁のあった出家の方は、学徳の優れた人が居ると聞くとどんなに遠くても行って教えを聞くという人で、各宗派の教えに通じた方だったので、この人の話されるのを常々聞いていたのです」と述べている。各宗派の教義の解説の内容が、かなり専門的な部分にまで踏み込んだものになっているのは、ハビアンの篤実で誠実な姿勢の表れと見ることができよう。

いずれにせよ、このような仏教各派の教えの概要を叙述するなかには、批判がましい点がほとんど覗われない。まさに仏教諸派の教義内容を真摯に、しかも熱意をもって講じている、といった趣さえある。たとえば天台宗や禅宗の教えについての多岐にわたる解説と問答など、ハビアン自身が仏教の内側にみずからを位置づけ、自分の問題として教義の重要な概念について語っている、といった感があるほどである。

こうした仏教各派の教義の内容についての解説を縷々紹介していっても仕方ないので、以下に、各宗派の教えについての解説のなかに僅かに覗える批判的な部分だけをいくつか取り出し、見てみることにしよう。

各宗派の教えに対する批判

一、律宗の教えは戒律を中心とするわけであるが、先に紹介したように、すべてが空であって後生が存在しないとするなら、戒律を守ることにどのような意味があるのか、ということになる。しかも善悪不二とか邪正一如ということになると、なおさら戒律など無意味ではないかということにならざるをえない。これは非常に重みのある批判であるとともに、親鸞の思想をめぐっての問題にもつながる点である。

二、三論宗の教えは、いわば「色即是空、空即是色」である。仏法の上で有執（有ると思い込むこと）が一番の病であるが、これを癒すためには空の薬が必要だとしながら、この病が癒えたら空の薬も捨てろと言っている。つまり空にも執してはいけない、ということを言う。「空即是色」のことを指摘しているわけである。これについて、何とも「勿体なきことにあらずや」（不都合なことではないか）と述べるのである。少し冷やかし気味の批判と言うべきであろうか。

三、華厳宗の教えでは「事理円融」ということを言う。現象的なことも本質的なこともさまざまなかたちで相異や差別を見て取るのでなく、結局は一体で同一のものであると受け止めるべきであるとのことである。たとえば法界（一切世界）には、地獄・餓鬼・畜生・阿修羅・人・天・声聞・縁覚・菩薩・仏の十界（十の世界）があるといわれる。この十界を一つ一つ見れば、確かに別々の世界であるが、これらが総合されて一つの法界を成すと見るならば、十界のそれぞればかりを見ていくべきでない、ということになる。実は、一つの法界とは一つの心のことである。そして心は仏であり、また空である。空とは無ということである。そしてお経には「空即是仏」と言う。こうした考えかたもまた不都合なことであり（勿体ない事）、結局のところ地獄も天堂（天国）もないということになってしまうではないか。

四、天台宗は法華経を依経とするが、この経の教えは、釈迦一代の説教の最後の段階に位置するものであつて、最も完成したものであるとされる。ここでも生仏不二、迷悟一所ということがいわれ、衆生も仏も、迷いも悟りも違いはないとされるが、それなら、仏法といっても何も尊いものではないではない、ということになるであろう。また、釈迦が出て心の外には地獄も天堂もない、尊き主もない、空こそが仏である、と教えたので、人々は皆あきれてしまったのである。困ったことである。人が生まれながらに持っている心のままに任せたならば、後生がないなどということはなかなか思いつかないのではないか。釈迦は、自分の思ったことを基本であるとして人に教えたがために、今日の世においてまでも後生はあるはずがないと考えるような迷いが残り、人を迷わせることになっているのである。

五、真言宗では「九識を転じて五智となす」といわれるが、これは、たとえば凡夫の妄想を意識と名づけ、仏法の悟りを妙観察智というようなものである。恐ろしい地獄があるとか頼もしい極楽があると思うのも、善や悪があると思うのも、凡夫の意識である。悟りを開けば、我々の思う心の外の何処に地獄や極楽、善悪ということがあると言うのか。識を転じて智となす、ということがこういうことであるとすると、キリシタンの教えとは大きく違う点である。キリシタンの場合には、現実に地獄や極楽が存在する、という教えなのである。

仏法之次第略抜書の問題点

実は、一九七〇年代に入って研究が進展するまで、『妙貞問答』上巻の内容は知られないままであった。神宮文庫の旧林崎文庫から発見された『妙貞問答』は中・下巻のみだったからである。このため、寛政年間没収教書に収められていた『仏法之次第略抜書』[†5]こそ、この上巻の内容の概略を示すものと考えられてきた。こうした見かたは姉崎正治の一九三〇年の論文に始まり、海老沢有道が一九六四年に『東洋文庫』に収録した『妙貞問答』でも、この見かたを踏襲して両者を基本的に同一視している。しかしながら、『仏法之次第略抜書』における仏教論には誤りや不誠実な記述が少なくない。私自身は到底これをハビアンの手になる著作メモであると考えることはできない。

海老沢有道自身は、先述の『東洋文庫』版の解説において、次のように述べる。

特に一節などに見るこじつけと、飛躍した論壇は、ある一面ではいかにも気負ったハビアンの姿を示すといえるし、また一面では仏教を知っているはずのハビアンとしては、あまりにも無知な記述が多く、彼が書いたものとは到底思えないようでもある。それは彼の性格・感情の反映であろうとともに、草稿のためにそれがむき出しに出ているためとも思うが、一つは世俗におこなわれている種々の仏説やその譬喩を利して、あえてその宗教的・内面的観念を無視し、それらを即物的に論破し、それによって佛教の荒唐無稽を強調したものといえよう。

これは少々問題のある見かたであるが、現物の上巻が発見される前の時点での解説であって、両者を比較検討する機会のないままに述べられたものであることを考えるなら、仕方なかったともいえよう。しかしながら、こうした海老沢のハビアン評には、基本的に「棄教者」に対する嫌悪と偏見の色彩が色濃く見られるように思われるのであるが、如何であろうか。

海老沢も挙げている『仏法之次第略抜書』の冒頭の第一節では、次のように述べられている〔海老沢による現代語訳で示す〕。

仏法というものは弥陀、釈迦、大日のことである。右の三仏を法、報、応の三身というのである。これはすなわち人間の心のことに他ならない。人の心には三つの精がある。すなわち、貪欲、瞋恚、愚痴である。この三つを分けて言うと、愚痴というのは、〔脱文アルカ〕無念無心なところを法身仏といい、これを大日如来というのである。次に貪欲というのは、惜しいぞ、欲しいと思うところを報身仏といい、これを阿弥陀如来というのである。つぎに瞋恚というのは、怒りを発して、遺恨を含むところをさして応身仏といい、これを釈迦如来というのである。これらはみな人間の心のなかにそなわっているものである。このほか、観音とか薬師とかいうのも、人の身を離れて存在するものではない。人間ばかりとも限らず、鬼畜人天、みなこれを大日であると釈いてある。それゆえ、釈迦も草木国土悉皆成仏と説かれたのである。

仏教の教説は人間の心の状態を説いたものであるとするのはいいとしても、釈迦とは応身仏であって瞋恚（怒り）のことであり、阿弥陀とは報身仏であって貪欲（むさぼり）のことであり、大日とは法身仏であって愚痴（理非の区別のつかない愚かさ）のことである、とする点など、どこからこのような無責任な思いつきが出てきたのであろうか、と驚くばかりである。これまで見てきたハビアンの誠実な論の進めかたからいっても、またハビアンが元仏教修行者であったこと、さらには永年にわたって仏教僧侶との論争を繰り返してきたことを考えても、このような荒唐無稽な叙述をハビアンがするとは到底考えられない。いくら（他人の目に触れさせない?）草稿であったとしても、である。

海老沢有道はハビアンの「性格・感情の反映」の可能性を考えているが、その根拠となるものは皆無といってよい。ハビアンの不誠実さとか、感情に任せて荒唐無稽な批判や悪罵さえやりかねない性格、といった点については、残されている他の資料からは例えわずかであってもうかがうことはできない。海老沢有道のハビアンに対する偏見がもたらした謂れなき悪口雑言の類としか考えようがないのではないだろうか。

また、第九節の冒頭部分で「また阿弥陀の教えというのも、彼《かの》ウソツキノ釈迦が説いたものである」と叙述している点など、『仏法之次第略抜書』にはまさに悪罵としかいいようのない表現が用いられている。キリシタン信徒同士という仲間内でなら、あるいはこれで通用するかもしれないが、『妙貞問答』が護教書であると同時に、非信徒に対する宣伝ないし折伏の使命をもつ対外的文書であることを考えると、「うそつきの釈迦」などといういいかたは、いかにも非理性的であって誠実さに欠け、いたずらに反発を招きかねない不適切なものである。

こうした点を考え合わせると、『仏法之次第略抜書』は、仏教に対して悪意を持ち、しかも基本的に無知であった者の手によるものと考えざるを得ない。幼少からキリシタン集団のなかで育った日本人イルマンないし同宿が書いたもの、あるいは南欧人のパードレやイルマンに日本人が協力して文を整えたもの、ではないだろうか。

なお、『仏法之次第略抜書』の記述内容には、『妙貞問答』上巻の叙述と同趣旨である個所も少なからず見られる。たとえば釈迦の生涯を叙述し、まさに、「人間でしかない釈迦に人の後生を助ける力などない」とする点など、ほぼ同一の内容である。こうした内容的重複は前者が後者の草稿であるからではなく、逆に、後者から抜書きしたものをも活用しながら仏教を悪罵する簡略な文書を作り上げたのが前者である、ということを示しているのではないだろうか。

†1　「日本のカテキズモ」『キリシタン教理書』（キリシタン研究　第三十輯）海老沢有道校註、教文館、一九九三年。

†2　同上の「解題」（五〇四〜五〇六頁）。

†3　「妙貞問答」『キリシタン教理書』（キリシタン研究　第三十輯）井出勝美・海老沢有道校註、教文館、一九九三年。

†4　凝然大徳『八宗綱要』鎌田茂雄全訳注、講談社学術文庫、一九八一年。

†5　「仏法之次第略抜書」『キリシタン書・排耶書』（日本思想体系25）海老沢有道校注、岩波書店、一九七〇年。現代語訳については「妙貞問答上巻」『南蛮寺興廃記・妙貞問答』（東洋文庫14）海老沢有道訳、平凡社、一九六四年。

第三章　林羅山との問答

——『排耶蘇』をめぐって

徳川家康に仕え、秀忠・家光・家綱と四代の将軍の侍講を勤め、朱子学を江戸幕府の体制イデオロギーとして確立した林羅山〔道春〕は、新進気鋭の二十四歳の折にハビアンを訪ねて問答し、その記録を『排耶蘇』という短い文章に遺している。[†1] なお、こうした林羅山との問答について、キリシタン側には何の記録も残されていない。キリシタン排撃を底心に持って来訪する者は、この時期になると少なくなかったからであろうか。

排耶蘇からうかがえるもの

羅山のハビアン訪問は一六〇六年〔慶長一一年〕六月一五日、羅山が家康に見出され、仕え始めた翌年のことである。絶対的権力を後ろ盾にした自信に溢れ、邪宗撲滅の気負いに満ちて京都の南蛮寺に乗り込み、キリシタン側の代表的知識人と目されていたハビアンに論争を挑んだわけである。時にハビアンは四十二歳、数年前から京都を中心に活動し、特に仏教側との論争を精力的にこなし、この前年には、仏教・神道・儒教を批判してキリシタン教義の正しさを宣揚した『妙貞問答』全三巻を著したところであった。

羅山は弟の林信澄と、紹介者である俳人で歌人の松永貞徳〔頌遊〕を同伴し、京都の南蛮寺に乗り込む。ハビアンは侍者である守長に迎えさせ、三人を部屋に招き入れる。その時、キリシタン信徒が席に満ちていたと言う。キリシタン側の本拠地に羅山ら三人が押し掛け、大勢のキリシタン信徒の前で公開討論をおこなって破折してやろう、といった趣である。

この問答は時候の挨拶から始まり、ハビアン自身が玄関まで見送りに出て三人を送る、というかたちで終わる短時間のものであった。この間の緊張感あふれるやりとりについて、羅山自身が逐一記録したものが（当然のことながら、羅山の側からの一方的視点に立っての文章であるが）『排耶蘇』である。

ここには、当然のことながら、羅山が理解できた限りにおいて、また自分が勝ったと思う部分だけの、問答が記録されているものと想定しておかなくてはならない。言い換えるなら、自分に理解できなかったことや自分に不利なことは、この記録に入っていないと考えられる。気負った羅山である。相互理解を目指す真の対話など眼中になかった羅山である。しかも後の曲学阿世ぶりから見て知的誠実さの点で疑念のある羅山である。こうした前提でこの記録を見ていかなくてはならないであろう。しかし、こうした難点はあるにしても、ハビアンのキリシタン指導者としての最後の時期の姿がこの記録から垣間見える、という意味において、ハビアンに関心を持つものにとっては貴重な記録である。

以下においては、この『排耶蘇』に述べられている両者の問答を内容的に七区分し、それぞれの概要を見ていきつつ、若干の検討を加えてみることにしたい。なお、この記録においては、ハビアンのことを初め「邪蘇会者不干氏」と表記し、文中では「干」と略記している。

東洋的教養と南欧的教養

【問答1】 相互に挨拶を終えた後、まず羅山が、徒斯（デイス――中国天主教でいうデウス＝全知全能の唯一の神のこと）の画像について問う。これに対してハビアンは要領を得ない返答をしたと言う。

デウスの画像をキリスト教で用いることはないので、これは実際にはキリストの画像だったであろうと考えられる。ハビアンが積極的に説明しようとしなかったのは、当時のキリシタン信仰は全知全能の唯一の神に対するものであり（モーゼ教的信仰）、イエス・キリストに対する関心はそう強いものでなかった、ということの反映なのであろうか。それとも始めから議論に深入りしてしまうことを避けたのであろうか。羅山は、「浅近を恐れてこれを言わず」（浅薄で卑近な説明になってしまうからハビアンはこの画像の説明をしなかったのだ）と受け止めている。

【問答2】 次いで地球図を見た羅山が、上下・東西のことを問う。ハビアンは「地中が下で地上が上、東に行けば西から返る、すなわち地球は球である」と返答をする。羅山はこの考えかたを頭から否定し、上下の考えかたも、東西の考えかたも、理を知らざる故にそういう過った認識に立ち至っているのだ、とする。「地形を円なりとなす、その惑ひ、あに悲しからずや」というのが羅山の感想である。

続いて天球図（日月行道の図）を見た羅山は、唐の高僧一行や北宋の学者沈括の天文の学に比較すれば万分の一の価値しかないと思い、また、密かに中国に渡って天体の運行について学んできたのだろうか、とも疑う。しかし、キリシタンの天球図はレベルが低く「笑うべき」という感想を抱く。また、プリズムと凸レンズを見た羅山は、礼記王制篇の「奇技奇器を作り以て衆を疑はしむるものは殺す」を引き、一般人を幻惑するのは困ったものだ、とする。ただし、天球図にしてもプリズムや凸レンズにしても、羅山がこれらを見て何を実際に口にしたかについては触れられていない。

なお『排耶蘇』の最後に、付録のようなかたちで二つの短い文章がつけ加えられているが、これらはいずれも、この【問答2】の内容に関わるものである。

最初の文章は、ハビアンが「地下もまた天なり。もし地を掘り底に至りて、これに臨み、これを見るときんば、かならず天を見ること井に鑑るが如きなり。ここにおいて石を落すときんば、石の中間にありて上ならず下ならず。これすなわち地、天の中間にあるの証拠なり」と言ったことについてである。これは、現在の物理学なり地学なりを思わせるような説明の仕方である。これに対して、羅山は「我天地の間を観るに一物として上下あらざるはなし。彼、中を以て下となす。何ぞ物に各上下あるの理を知るに足らんや。もし人ありて、隕る石何れの処に止まると問はば、必ず落つるところに落つと曰わんのみ。何ぞ上ならず下ならざること之あらん」と言う。現在なら羅山のこのような考えかたは一蹴されてしまうであろう。

もう一つの文章は、ハビアンが「天は円なり。地もまた円なり」と言ったことについてのものである。この言葉に対し、羅山は「動あり静あり方円あり。物みなしかり。天地を甚しとなす。動く者は円に、静かなる者は方なり。その理かくの如し。もし彼の言の如くんば、すなはち何ぞ方円と動静とあらんや。しかりといへども黙して識り心に通ずる者にあらずんば言ひ易からざるなり」という感想を書き付けている。たしかに、これでは議論が噛み合わなかったであろう。大前提となる自然観がここまで異なっていれば話にならない。羅山自身が感想の最後の部分に言うように、「黙して識り心に通ずる者にあらずんば」話の通じようがないのである。

羅山とハビアンは、ここで見てきたような理学的な知識なり教養なりの点で大きく土壌を異にする。現在の目からすれば、羅山の浅薄さは笑うべきものであろう。ルネッサンスによって興隆した当時のヨーロッパにおける地理学的・天文学的・物理学的な学問研究の成果に、セミナリオやコレジオでの教育を通して触れていたハビアンにとって、羅山の無知さ素朴さは説明しようという意欲さえ失わせるほどのものだったのではないだろうか。

　ちなみにハビアンは、十八歳で受洗した直後に、高槻のセミナリオに入学して三年ほど在学している。そして二十一歳でイエズス会の修練院に入った後、二十三歳で長崎の千々石のコレジオに入学している。

　セミナリオのほうは全寮制の中等教育学校であり、卒業生の進路は自由であったという。カリキュラムとしては、日本語・日本文学・中国古典・ラテン語・ポルトガル語・外国文学・数学・音楽・礼法といった課目が課せられていた。ちなみに音楽は、オルガン伴奏の宗教的聖歌の合唱や、オルガン、ギターなどの楽器の練習であった。

　コレジオのほうは、当初は一般の学生も学ぶ高等教育機関として構想されたものの、実際にはキリシタンの伝道師やイルマン（修道士）、パードレ（司祭）を養成する神学校として運営された。ここではまず自然科学を学び、ついで哲学を中心とした人文学を、そして最後に神学を学ぶ、というカリキュラムであったという。自然科学は、アリストテレスの流れに立つ天球論に力が入れられ、引力から重力の問題、歴法の問題などまでが含まれている。また哲学としては、論理学・存在論・認識論・自然哲学・形而上学・心理学・倫理学が扱われている。[†2]

　このように、当時のセミナリオやコレジオは、ヨーロッパという異世界の学問や芸術・文化を日本の地から覗き込む、特別な窓のような存在だったのである。

【問答3】 引き続き羅山はハビアンの『妙貞問答』を見せられ、ハビアンが読み上げるのを聞く。そして羅山は、「仏教・儒教・神道を論じているが観るべきところはない」という感想を持つ。そのうえでもって、「和語の卑俚を綴りて漫りに叫騒罵詈す」(卑しい言葉を並べて無分別に騒ぎ立て非難攻撃している)、「蚊虻の前を過ぐるが如し」(カやアブが目の前を通り過ぎるようなもの)といった最大限の表現で軽蔑の念を表わす。そして、これは「聖人を侮る罪」であり、「下愚庸庸の者を惑はす」ものであって罪が大であるとし、こうした書は焼いてしまえ、とまで述べる。この書が残れば「後世千歳の笑いを遺さん」とまで言うのである。ただしこれは、後で文章に纏めた時の表現であり、実際の場面で羅山が何をどのように口にしたかについては不明である。

ハビアンを訪ねて論争を挑もうとするならば、本来なら、このキリシタンの宣教書であり主要教理の解説書である『妙貞問答』をめぐっての議論こそ中心になるべきであった。しかし後日になってからの一方的な悪口雑言が並べてあるだけというのは、キリシタンの教理体系について、少なくとも日本で公刊された『妙貞問答』について、批判対象としてさえ十分な関心を払っていなかった(中国で公刊されたキリシタン関係の書物には目を通していた形跡はあるが)、ということなのであろうか。それとも、自分の所属する儒教的世界も、そして仏教や神道という慣れ親しんできた日本的な伝統世界も、『妙貞問答』では真っ向から否定されているということで、感情的な反発を覚え、キリシタン教義の内容的諸問題に関心が向くどころではなかった、ということなのであろうか。さらにいえば、あまりにも異質の発想に立つ世界観を説くものであるため、『妙貞問答』の内容が根本的に理解不能であったということなのであろうか。

理と天主との優劣論

【問答4】羅山は「中国で活動中のイエズス会士マテオ・リッチ（利馬竇──一六一〇年、北京で没）が『人の霊魂には始めはあるが終わりは無い』と言っているが、自分はそんなことは信じない」と言う。「始めがあれば当然、終わりがある。始めが無く終わりが無い、ということならありうるであろう。始めがあるのに終わりが無いというのは、あり得ないことである。何か確たる根拠があってそう言っているのか」、こう問うたけれど、ハビアンはこれには答えることができなかった、と言う。

霊魂が不滅だとしなければ、死後の天国とか地獄とかいう話は出てきようがない。キリスト教を初めとする多くの宗教にとって、霊魂不滅という大前提は、「死後の生（後生）」を説くうえで、そして「死後の生が安楽なものかどうかが、生きているあいだ（現世）の精進や修行や努力などによって決まってくる」ということを説くうえで、必須のものである。しかし、儒教では後生などは認めない。だから羅山はこの点を鋭く突いてきたわけである。

この問題についてハビアンが何も答えなかったらしい、ということは興味深い。おそらくハビアン自身、霊魂の不滅とか死後の生ということについては確固とした信仰を持っていなかったのではないか、という推測もできるからである。ハビアンは、本当は「後生」のことなど信じきれていなかった、という点が、羅山との対話のわずか一年ほど後にキリシタンを離れ、実質的に棄教したことと繋っているのではないか、と少なからぬ人が考えるところでもある。

その意味で、対話のこの部分は、ハビアンのキリシタンとしての人生の心理的軌跡を推測させる重要なものと言ってよい。

【問答5】羅山は引き続き、「天主〔デウス〕が天地万物を造ったと言うが、その天主を造ったのは何者なのか」と問う。ハビアンは「天主には初めもなく終わりもない」と言う。これに対し羅山は「天主が天地を造ったと言いながら、その天主には初めも終わりもないという言いかたは、明らかに逃げ口上でしかない」とする。

これは、理屈からいえば、羅山の言うとおり、という面もある。しかし、どこかに最初の創造者を想定しないと、造ったものと造られたものの連鎖が、無限に続いていくことを想定しなくてはならなくなる。それもまた理屈からいって不条理であるということで、キリスト教神学では、古来、アリストテレスの〈第一原因 *causaprima*〉の概念を援用して、創造主＝神はその〈第一原因〉に該当するものである、としてきた。ちなみに〈第一原因〉とは、運動の究極的な原因となるものである。つまり、動いているものは何者かによって動かされたわけであるが、この「動かす」「動かされる」の因果的な連鎖は無限に想定されるわけであるから、どこかに不動の究極的な始発の「動かす」主体を想定しなくては切りがつかないことになる。それを〈第一原因〉と呼ぶことにしよう、という考えかたである。

ハビアンはセミナリオやコレジオの教育を通じて、アリストテレスの哲学を学んできたわけであるから、〈第一原因〉としての天主〔デウス〕について、きっとここで説明したに違いない。羅山が一切そうした説明内容に触れていないのは、アリストテレスの哲学に代表されるような論理には馴染めなかった（＝まったく理解できなかった）ということかもしれないし、あるいはヨーロッパ的な「論理」を初めから（感覚的に）受けつけることができなかった、ということなのかもしれない。

【問答6】羅山は引き続き、「理は天主と前後があるか」と問う。つまり、「理と天主とはどちらがより根源的であるのか」を問うたわけである。これは朱子学の理（宇宙の本体）と気（それによる現象）についての説による問答である。マテオ・リッチは『天主実義』（北京にて一六〇三年、初刻）の第二編においてこの問題を説いているが、羅山は三年前に出たこの本に既に目を通したうえで、この問を出したもののようである。ちなみにマテオリッチは『天主実義』において、「理」について次のように述べている（引用はいずれも柴田篤の訳による[†3]）。

子どもがいなければ、父親は存在しませんが、子どもは父親の根源であると誰が言えましょう。相手があってはじめて存在するもののありかたは常にこのようであって、互いに相手によって存在したり存在しなかったりするものです。君主がいれば臣下がおり、君主がいなければ臣下はおりません。物があれば、物の理があります。ある物が実在しなければ、その理も存在しません。……

今ここに実在する理が物を生み出すことができないなら、どうして昔、空虚な理が物を生み出すことができたのでしょうか。たとえば、今ここに大工がいて、その心に車の理が備わっているのに、どうして一台の車をただちに造り出すことができなくて、材料である樹木や道具である鋸、大工の技術を必要として初めて車ができ上がるのでしょうか。原初においては広大な天地をも造ることができた霊妙な（理の）力が、どうして今は衰微して、小さな一台の車をも造ることができないのでしょうか。……

もしあなたが「理は万物の霊妙さを持っており万物を創造する」と説かれるならば、それこそ天主であります。どうして理とか太極とか言う必要がありましょうか。

それはさておき、ハビアンは、羅山の問に対しては「天主は体であり、理は用である、体は前であり、用は後である」という答えかたをする。「体」は、ここでは本性とか本体といった意味で使っているのであろう。

これを聞いた羅山は、その場にあった器を指して「器は体であり、器を作る理由となったものは理である。もしもそうであるとするなら、理が前であって、天主は後である」と述べる。ハビアンはその意味が分からなかったらしく、「燈は体であり、光は理である（したがって体が前であって理が後である)」と言う。これにまた羅山は反論して「火が燈であるという理由が理である。光は理ではない。ただこれは光というだけのことである」と言ったという。ハビアンは、まだ理解できない様子で、「器を作ろうという一念が起こるところが理である。この一念が起こる前は、何も考えないまま(無想無念)であるが、体はある。だから体は前、理は後である」と言う。羅山はこれに対して「それでは駄目だ、無念などということは言わないで、理と天主とのことだけを言えばいいのだ」と言い放ったという。

これを聞いていた頌遊は笑って、「問高くして答卑し。彼が解せざるは、まことに宜《むべ》なるかな」と言ったという。つまり「問のレベルは高いのに、答えのレベルは低い。彼がものを分かっていないことがよく分かった」と言ったというのである。

たしかに、ハビアンにとって、当時の朱子学で流行ったこの種の論の立てかたは、不案内であり、不得手であったであろう。しかしながら、「理」という概念自体、現象しているもの(体)の背後にある原理的なもの(プラトンの言うイデア)という意味で用いられたり、ひとつの現象をもたらしているもの(原因)、という意味で用いられたりしており、問答している者同士のあいだに共通の概念規定が無い。「体」という概念についても、必ずしも共通の概念規定は伺えない。こうしたところに「すれ違い」の真の原因があるといってよいのではないだろうか。

いずれにせよ、この問答から、ハビアンは当時の中国の学問思想上の流行には必ずしも明るくはなく、日本の儒学者のあいだでも話題になっていたというマテオ・リッチの『天主実義』には十分に目を通していなかったのではないか、ということが推察される。

私自身としては、「理は天主と前後があるか」という問に関連して思い起こすのは、ヨハネ福音書の書き出しの最初の部分の次の言葉である〔一九八七年の新共同訳による〕。

初めに言（ことば）があった。言（ことば）は神と共にあった。言（ことば）は神であった。この言（ことば）は、初めに神と共にあった。万物は言（ことば）によって成った。成ったもので、言（ことば）によらずに成ったものは何一つなかった。言（ことば）の内に命があった。命は人間を照らす光であった。

ヨハネ福音書のいう「言（ことば）」こそ、朱子を初めとする儒学諸派の言うところの「理」に相当するのではないであろうか。もしもそうであるなら、「理＝言（ことば）」は天主（神）と前後があるか」という問には、キリシタンは「前後はない」と答えるべき、ということになるのではないだろうか。さらに続けて言うならば、「天主を父なる神と考えるなら、それは理と本体としては同一であり、ペルソナ（位格）の点での違いがあるだけ」と言うことになるであろう。これは、カトリック教義の最も根底にある〈三位一体〉の考えかたである。ちなみに「言（ことば）」（ギリシャ語でロゴス）は、カトリック神学では、父・子・聖霊というペルソナを持つ一体の神の第二のペルソナであるキリストに同一視される。

いずれにせよハビアンは残念なことに、この〈三位一体〉説には思い至らなかったのであろいる、というモーゼ教的な性格を強く持っていたことの証左といってよいのではないだろうか。

(天主)を説くばかりで、キリストとしてのイエスも、さらには聖霊も説かないままになって

う。こうした点も、当時のキリシタン教義の基本的構造が、唯一絶対の創造主としてのデウス

問答の決裂と別れ

【問答7】さて、羅山がトイレに立った時、雷雨になった。ハビアンは非常に機嫌悪く、「儒者のいはゆる太極は天主に及ばず。天主は卿曹若年の知る所にあらず。我よく太極を知る」と口にしたという。これに対して信澄が「汝驕慢なり。太極は汝が知るべきところにあらざるなり」と言い返したという。ハビアンは腹を立てて黙した。

このくだりは、あらためて解説するまでもない。羅山が座をはずした時に、ハビアンは「お前ら若いもの(卿曹若年)に天主のことが分かるわけがない。儒者が万物の根源であるとする太極は天主に及ぶものではない。太極のことなら自分はよく知っている」と言い放ったというわけである。まさにこれはハビアンの本音であったであろう。これに対して弟の信澄が「お前は驕慢(傲慢、驕り高ぶり)だ! お前になぞ太極が分かってたまるか!」と言い返したという。これはもう口喧嘩である。ハビアンは腹を立てて押し黙ったというわけである。

前年に刊行した『妙貞問答』(中巻)において、ハビアンは儒学を論じ、そのなかで太極に

ついても詳細に論じている。太極と天主が、それぞれある意味で究極的な主体的存在として想定されるにしても、基本的な文脈を異にしており、「どちらが優れているか」などといった問の立てかたには、そもそも馴染まない。そういう問の立てかたで立ち向かってくる羅山の稚拙さが、ここにも垣間見えるようである。

【羅山の最後の言い放ち】 座に帰った羅山は「およそ義理を言うときんば、彼に益あらずんばかならず此に益あり。もし勝つことを争ふときんば、憤怒の色、嫉妬の気、面に見ゆ。これ心術を害するの一端なり」と言ったという。最後に羅山がお説教を垂れているのである。「議論というものは、勝ち負けにこだわってはいけない。あんたはそんなことにこだわっているから感情が表に出てしまうんだよ。慎んだほうがいいね」と、二十四歳の若者が四十二歳になる他流の大家に言い聞かせているのである。

この羅山とハビアンの問答の八年後に、徳川家康が豊臣家を滅ぼすための戦いを仕掛けた大坂冬の陣（一六一四年）が起こる。このきっかけを作るため、徳川方は、豊臣家が秀吉の追悼のために建立した方広寺の鐘の銘文を問題とした。羅山は、この鐘の銘文（国家安康や君臣豊樂など）の解釈について、五山の高僧らとともに、「家康を呪うもの」という根拠のない言い掛かりをつける動きに荷担している。特に碑文で家康のことを「右僕射《ウボクヤ》」（右大臣の唐名）と呼んでいるのを、「家康公を弓で射る」という意味のものと主張した、というほどの曲学阿世振りである。

いずれにせよ、天候が回復したので羅山一行は辞去したと言う。「干、出て拝し送る」と羅山は書いている。つまり、真の対話にはならなかったのではあるが、そして「訳の分からぬ小生意気な奴！」という印象だったかもしれないが、ハビアンとしては礼儀正しく玄関先まで出て敬意を表し、深く礼をして、見送っているのである。座に満ちていたキリシタン信徒の感想は如何であったであろうか。

羅山とハビアンの問答の特質

この問答の記録から伺えるハビアンの姿は、都の南蛮寺に住し、キリシタン信徒たちに大きな影響力を持つ、押しも押されぬひとりの思想的指導者というものである。だからこそ、このわずか一年ほど後に、指導していた若い修道女（ベアータ）を伴って教団を捨て行方を晦ました時の信徒たちの驚きは（そしてキリシタン教団に目を向けていた外部の人たちにとっての驚きも）、きわめて大きいものであったであろう。その後の教団が（そして現代のカトリック教会においても）、ハビアンという人物が存在したということ自体を殊更に無視しようとしてきたのも、ある意味で当然のことだったのではないだろうか。

羅山との問答内容についていえば、興味深いことに、その後の反キリシタン文書では必ず語られる二つの問題についての言及が一切無い。

一つは、「キリシタンはデウスに対して忠誠を誓うのであって、主君に対する忠誠は二の次となる」という批判攻撃に関わる点である。この点は、時にはデウスへの忠誠が外国人宣教師に対する忠誠に置き換えられることがあるため、日本社会の秩序にとって由々しき問題となる。もう一つは、「キリシタンを日本で布教するのは、結局は日本の国を奪うためではないか」という批判攻撃に関わる点である。一時期、長崎をイエズス会領としヨーロッパ的な武器を揃えて武装を凝らした拠点にしたことも、こうした推測に現実的根拠を与えるものであった。

こうした「日本社会そのもののありかたに危機をもたらすキリシタン」という発想なり感覚なりは、このときの羅山には一切うかがえない。あくまでも、朱子学的世界観（コスモロジー）に立って異質の思想を破折しようというものであり、キリシタン思想が現実の日本社会の秩序に対してもつ影響如何はいささかも問われていない。つまり、政治的な視点は、いささかもここに持ち込まれていないのである。この問答の特異な点といってよいのではないだろうか。

†1　海老沢有道他編『キリシタン書・排邪書』（日本思想体系）岩波書店、一九七〇年、に所収。

†2　詳しくは、尾原悟編著『イエズス会日本コレジヨの講義要録　I』（キリシタン研究　第34輯）教文館、一九九七年、を参照。

†3　マテオリッチ著『天主実義』（東洋文庫）柴田篤訳注、平凡社、二〇〇四年。

第四章　キリシタンの何を批判したのか

――『破提宇子』をめぐって

不干斎ハビアンは、最終的にはキリシタンを捨てる。そして〝江湖の野子〟（世間で生活する一人の俗人）として生きる、という宣言をする。

思い起こしてみれば、彼は、一五八三年（天正一一年）、十九歳で受洗してから二十五年ものあいだキリシタンであった。この間、二十二歳からの二十二年間は、キリシタンを宣教していたイエズス会のメンバーであり、二十九歳からの十五年間はイルマン（修道士）であった。そして一六〇八年（慶長一三年）に突如、四十三歳にもなって、指導していた修道女（ベアータ）を連れて出奔し棄教したわけである。彼の言葉（『破提宇子』の序）によれば、「一旦豁然として識得するに、言を巧みにして理に近づけ、教ゆるに真すくなし。しかうしてかの徒を出づるなり[†1]」ということである。

ここで問題にしたいのは、このハビアンがキリシタンであったあいだ、さらにはイエズス会のイルマン（修道士）であったあいだ、実際に信仰していたもの、あるいは信仰しようと努めていたものは何であったのか、また彼がどうしても信仰できなかったもの、あるいは一度は信じたように思ったが結局その内面に根づかなかったものは何であったのか、である。特に彼が

「かの徒を出づる」決意をするほど「真すくなし」と感じたものは何なのか、である。これを彼の最晩年の著作である『破提宇子』に基づき、彼がこのキリシタン排撃の書において基本的なキリシタン教義として挙げるものと、それを批判し否定する内容とを対比させつつ探ってみることにしたい。

ハビアンの実感・納得・本音

ハビアンがキリシタン教義について全般的に論じた『妙貞問答』と『破提宇子』の両著作のうち、私にとっては『破提宇子』のほうが格段に興味深い。

それは第一には、『妙貞問答』は当時の日本のキリシタン教団を代表した、いわば公式の教義解説書という性格を持つのに対し、『破提宇子』は、ハビアンが自分自身の責任において著述した個人的な書物、という点にある。このため、ハビアンの実際の考えかたを知るうえで、つまり建前ではなく本音を知るうえで、格段に優れているだろうと考えられるからである。

第二には、『破提宇子』はハビアンがイエズス会を脱会し、キリシタン教団を離れてから十年あまりの年月を経てからの著述であって、当時のキリシタンの教えのなかで枝葉の部分は捨象され、批判対象として彼の頭のなかに明瞭なかたちで残る、キリシタン教義の骨格部分が浮き彫りになっているだろう、ということが想定される。この点からもまた、当時の宣教師たちが口にしていた多くの事柄のうち、ハビアンが重要かつ本質的なものと考えていたものは何であったのか、を知るうえで役立つものと考えられるからである。

『破提宇子』の刊行は、ハビアンの五十五歳の頃、死の前年の一六二〇年（元和六年）である。五年前に大坂夏の陣が終わり、長い戦乱の時代から元和偃武と呼ばれる平和の時代になって、徳川幕府の基盤も盤石になった頃である。キリシタンに対する幕府の政策としては、一六一二年に幕府直轄領での禁教令が出され、一六一四年にはこれが全国的な禁教令となって、高山右近らが国外追放になっている。この頃から迫害が本格化し、各地で多くのキリシタンが棄教を誓い、どうしても棄教しない信徒に対する処刑も始まりつつあった。

ハビアンは、六年ほどの潜伏の後、一六一四年の禁教令の前後から、長崎で幕府のキリシタン取り締まりに協力していたのではないか、と見られている。この『破提宇子』も、キリシタン信徒に対して棄教を促す、という意図をも持っていたであろう。キリシタンを批判する著書を、本名である日本名を用いないで、自分がキリシタンのイルマンであった頃に用いていた「ハビアン」を思わせる名前で著したのも、残存信徒に対する働きかけの意図が強くあったためと考えられる。

なお、序に「ここに親友あり、予に諫めて曰く、過つては則ち改むるに憚ることなかれとは、これ孔門の活機輪なり。汝疾く学ぶところの提宇子の邪法、これを筆にし、これを破せば、あにただ破邪顕正の功能のみならんや、またこれ新を知るの筌蹄とする者なり。諾。予不敏と雖も必ずこの語を事とせん」とある。ここでいう「親友」がキリシタン宗門取り締まりに当たっていた有力者、たとえば当時の長崎奉行長谷川権六であったことも、十分考えられるところである。イエズス会に対して強い対抗意識を持ち、半世紀遅れで来日して活動した幾つかの修道会のひとつ、ドミニコ会に属するオルファネールは、一六三三年刊行〔『破提宇子』刊行の十三年後〕の著書のなかで、「ファビアン〔ハビアン〕は権六と平蔵の依頼により皇帝〔将軍秀忠〕に送るために本書〔『破提宇子』〕を著した」と述べている。[†2]

なお、「ハビアン」というキリシタン名を用いていることから、彼の棄教は一種の「偽装転向」ではなかったか、という見かたが従来から根強くある。ハビアンの業績を発掘し、初めて彼の思想的重要性を指摘したといわれる新村出も、一九二五年刊行の『南蛮広記』において『破提宇子』はキリシタン教義を批判するという装いの下に、実はキリシタン教義を述べ伝えようという意図を持つものではなかったか、と述べる。[†3]

最近においても、千草子が、ハビアンの生涯を虚構の女性・雪との綾なす邂逅、海を隔てての別離、束の間の再会、を軸として二冊の小説〔『ハビアン――藍は藍より出でて』『Fabian Racujit』〕として表現しているが、彼女も主人公ハビアンに、心のなかでの雪に対して次のように語らせている。[†4]

私は、表面は、迫害に協力しました。しかし、下では、あなたや秀賢殿との約束通り、木まぶりとしての役割を果したつもりです。……雪殿、これが、破提宇子です。かなりの数印刷され、この長崎、平戸、そして堺、京、江戸にばらまかれています。公然と、キリシタンの教えがこれで伝えられました。……

ここでいう「木まぶり」とは「木守り」とも書き、柿などの果実を取る際、来年もよく実るようにと枝に一つ二つ残しておく果実のことである。迫害によって社会の表面からキリシタンが消え去っているけれど、次の時期での実りを願って残されている偽装的なキリシタン宣教者がハビアンなのだ、ということである。

しかしながら、これから詳しく見ていくように、キリシタン教義の要点であるとハビアンが考える点について、彼がきわめて合理的に、根底からの容赦ない批判を加えていることを考えるならば、こうした「偽装転向」説には首を傾げざるを得ない。当時のキリシタンなりハビアンなりに対する贔屓の念から出た認識の曇りを示すものではないだろうか。

こうした背景を念頭に置きつつ『破提宇子』に示されるハビアンの教義理解と、それに対する反論の概要を、以下に見ていくことにしたい。

キリシタン教義の公準

なお、『破提宇子』で問題とされるキリシタンの教義を検討する際の基本的な公準ないし基準として、ここでは〈使徒信条〉（以下、キリシタン時代の用語法に基づき〈ケレド〉と呼ぶ）を用いることにしたい。

〈使徒信条〉は、二世紀後半のローマ時代にまで遡る、キリスト教の最も伝統的な基本的信仰箇条であり、現代のカトリック教会（および少なからぬプロテスタント系教会）においても、これが公式の信仰内容の基本とされている。キリシタン時代にもこれが日本に持ち込まれ、当時の公式の信仰箇条として用いられていたことは、『ドチリイナ・キリシタン』によっても明らかである。もちろん、当時のキリシタン信徒の実際の信仰内容がこの通りであったとはかどうかについては議論の余地のあるところであるが（現代の全てのカトリック信徒の信仰内容が〈使徒信条〉どおりであるとは必ずしもいえないように）。

いずれにせよ、この〈ケレド〉と付き合わせてみることによって、カトリックの伝統的な教義に対してハビアンの教義理解と批判が、どのような異同、濃淡、偏向を持っていたかが明らかになるのではないか、と考えられるのである。

まず〈ケレド〉の全文を、『ドチリイナ・キリシタン』（一五九二年刊行、ローマ字版）によって示しておこう。[†5]

真に信じ奉る、万事叶ひ、天地を造り給もうデウスパアデレを。またその御独子我らが御主ゼズキリシトを。これ即ちスピリツサンチの御奇特を以て宿され給ひて、ビルゼンマリアより生まれ給ふ。ポンショピラトが下において、呵責を受けこらへ、クルスに架けられ、死し給ひてみ棺に納められ給ふ。大地の底に降り給ひ、三日目に甦り給ふ。天に挙り給ひ、万事に叶ひ給ふデウスパアデレの御右に備はり給ふ。それより生死の人を糺し給はんために、天くだり給ふべし。スピリツサンチ、カトウリカにておはしますサンタエケレジヤを真に信じ奉る。サントス皆通用したまふ事を。罪の御赦しを。肉体よみがへるべき事を。終わりなき命を真に信じ奉る。

ここに示されている信仰箇条は、内容的に次の一三の部分に分けることができる（〔　〕内に現代のカトリック教会で用いられている表現〔二〇〇四年二月一八日　日本カトリック司教協議会〕を付す。なお〔　〕内は意味上の補足である）。

（1）万事叶ひ、天地を造り給もうデウスパアデレ〔天地の創造主、全能の父である神〕〔を真に信じ奉る〕。

（2）その御独子我らが御主ゼズキリシト〔父のひとり子、わたしたちの主イエス・キリスト〕〔を真に信じ奉る〕。

（3）〔御主ゼズキリストは〕スピリツサンチの御奇特を以て宿され給ひて、ビルゼンマリアより生まれ給ふ〔主は聖霊によってやどり、おとめマリアから生まれ〕。

（4）〔御主ゼズキリストは〕ポンショピラトが下において呵責を受けこらへ、クルスに架けられ死し給ひてみ棺に納められ給ふ〔ポンティオ・ピラトのもとで苦しみを受け、十字架につけられて死に、葬られ〕。

（5）〔御主ゼズキリストは〕大地の底に降り給ひ、三日目に甦り給ふ〔陰府に下り三日目に死者のうちから復活し〕。

（6）〔御主ゼズキリストは〕天に挙り給ひ、万事に叶ひ給ふデウスパアデレの御右に備はり給ふ〔天に昇って、全能の父である神の右の座に着き〕。

（7）〔御主ゼスキリストは〕それより生死の人を糺し給はんために、天くだり給ふべし〔生者と死者を裁くために来られます〕。
（8）スピリツサンチ〔聖霊〕〔と〕
（9）カトウリカにておはしますサンタエケレジヤ〔聖なる普遍の教会〕〔と〕
（10）サントス皆通用したまふ事〔聖徒の交わり〕〔と〕
（11）罪の御赦し〔罪のゆるし〕〔と〕
（12）肉体よみがへるべき事〔からだの復活〕〔と〕
（13）終わりなき命〔永遠のいのち〕〔とを信じ奉る〕。

さて、ハビアンはこれらの条々をキリシタンの教義の全体理解のなかで、どのように位置づけていたかである。

『破提宇子』においてハビアンは、キリシタンの教義を七段に分けて説き（ダイウス門徒は入門者に対し七段に分けて教えを説くから、とする）、それぞれについて論破を試みている。少なくとも、『破提宇子』においては、この七段の教えがキリシタンの教義の主要部分ということになるが、この各段に、先に原理的基準として挙げた〈ケレド〉の各要素がどのように現れているか、またそれに対してハビアンはどのような論破を試みているか、を見ていくことにしよう（なお、「　」を付けて示す部分は、基本的に海老沢有道による現代語訳[†6]に基づく引用ないし要約である――簡略化したり文章を再整理して示した部分もある）。

「創造主」をめぐって

【初段】の最初に、まず「つまるところ、天地万象をもって全能の創造主があることを知り、四季の変転がその時を違えないことをもって、その治め手を知る」とダイウス門徒は教える、と言う。これは〈ケレド〉の（1）に対応するものである。

これに対してハビアンは、老子でも、仏法でも、神道でも、天地万象のそもそもの成り立ちについてそれぞれの説きかたをしているとし、「どうしてダイウスの徒ばかりが、天地開闢の主を知った顔に、くどくどしくこのわけを説くのであるか」とする。そして、〈何かが存在すれば必ずその存在を創造した存在（創造主）が有るはずだ〉という考えかた（主語重視的認識志向）に対して、〈存在するものは存在する、必ずしもそれを創造した実体的何かを想定する必要はない〉という発想（述語的認識志向）を対置する。ここでハビアンは『老子』の「ものあり、天地に先立ち、形なくして本寂寥、よく万象の主たり、四時を逐うて凋せず（有物先天地、無形本寂寥、能為万象主、不逐四時凋）」を挙げる。まさに〈実体としての創造主の想定は必ずしも必要としない〉という感覚を如実に示すものではないだろうか。

【初段】の第二に「創造主であるDs［デウス］は、インヒニイト（無限）、スピリツアル・ススタンシヤ（霊的実体）、サピエンチイシモ（最高智）、ジュスチイシモ（最高義）、ミゼルカウルヂイシモ（最高慈悲）である」とダイウス門徒は教える。そして「仏神はみな人間であるから、これらの徳義は備わっていない」、また「仏神は（人間であるため）生死を免れないから、どうして天地の作者といえようか」と主張する、とする。これもまた〈ケレド〉の（1）に関わる点である。

これを論破して、ハビアンは「仏神を人間とばかり見るのは無学の人の誤った考えである」として、法身の如来のこと、神には本地垂迹のいわれのあること、を述べる。しかし、力が入っているのは、「仏神を罵るダイウス門徒は、現世であっても仏罰、神罰を蒙る」として、「大友宗麟、小西行長、高山右近、明石掃部、京都の桔梗屋ジュアン、堺の日比屋、等々ダイウス門徒の著名な人たちが皆最後には没落し、不幸な最期を遂げたではないか」と述べるところである。言外に、「無限で最高智で最高義で最高慈悲である創造主とされているDs〔デウス〕に寄り頼んでも現実には何の功徳もなかったぞ」ということを言わんとしているのであろう。つまり、全知全能の神が存在するとムキになって言い立ててきたけれど、現実の結果から見ると、キリシタンの神は全知全能などではなかったではないか、ということであろう。

そして「ジョセイフを父とし、サンタマリアを母として、ダイウスの本尊ゼス・キリシトも誕生したという時は、これこそ人間の真只中（のできごと）ではないか」とも述べる。仏神がもともとは人間であるとするなら、ゼズ・キリシトだってもともとは人間ではないか、というわけである。

これに続いて、初段の第三と第四では、「ゼズ・キリシトも因位（悟境に達し成仏する前）のところはもとより人間であって、神の垂迹（と同様であり）、仏の因位に異ならないから、この点は互いにしばらく別問題」としても、Dsは諸善万徳の源であるのに対し、仏の場合の法性は無智亦無徳と説かれる。無智亦無徳のところからどうして天地万象を創造できようか、とダイウス門徒は言う。また、我々人間に備わる智慮や分別にしても本源に智徳が存すればこそであって、仏についていわれるように無智亦無徳であるなら、どうして智慮や分別が出てくるのか、とも言う。

これを批判してハビアンは、ダイウス門徒は「無」の意味をよく知らないからそう言うのだ、とする。「無」は必ずしも何もないということではなく、「無字は鉄関千万里、誰かこの字を抜き那辺に徹せん」という言葉を挙げて、この「無」の概念の奥深さを言う。また、本源に智徳がなければ人に智慮がないとの論に対しては、「柳は緑、花は紅」、これが自然の道理であると説く。そして、柳の幹の中に緑があるか、花の木の中に紅があるか、と問う。「根元にないものが枝の末にあるのは、当然の理」と言うのである。

いずれにせよ、「結果のなかに原因そのものが含まれる」という点では同様であるとしても、キリシタン的理解がいかに単純素朴で直線論理的なものであるか、を言いたいのであろう。ただ、ここでハビアンが、人間としてのイエスと神の子としてのキリストとの関係を「因位」という語を用い、悟達の前の菩薩の状態と悟後の仏の状態になぞらえて理解している様子が伺える点は興味深い。これは少なくとも〈ケレド〉の（2）と（3）に抵触する恐れのある理解の仕方であり、カトリックの伝統的な〈三位一体〉の論理とは無縁の考えかたである。ゼズ・キリシトと父なる神と聖霊とを、現れかたは違うが実体としては一体であるとする〈三位一体〉の論理には、ハビアン自身ほとんど関心がなかったようである。

人間の魂をめぐって

【第二段】の教えとして、ダイウス門徒は次のように教える、と言う。

Dsは現世と来世の主であり、賞罰の源である。人間の場合は現世での善悪の業が来世での賞罰につながる。これは人間がDsによって一身の主としてアニマ・ラショナル（理性的魂）を与えられているからである。このアニマ・ラショナルは色相から出たものでなく色相を制するものであり、色身と別個なものであるから色身につれて消滅せず、後世に生き残り、現世の業に従って永遠に続く苦楽（善所はパライソといって天にあり、悪所はインヘルノといって地中にある）にあずかるのである。これに対して、草木の場合はアニマ・ベゼタチイワ（植物的魂）、禽獣の場合はアニマ・センシティワ（意識的魂）を持つが、これらはいずれも色相から出て色相だけに当たる用をするものであるから、現世だけのものである。

これは〈ケレド〉の（7）（12）（13）に関わる部分といってよい。これに対するハビアンの批判は、まったく視点の異なる二点からのものである。

まず第一の批判は、「人間だけが現世と後世とに渡ってのアニマ・ラショナルを持つ」という点に対するものである。すべてのものには「事」（現象）と「理」（現象の背後に有る原理、本体）があるが、「事」は多様であっても「理」は一つである。「雨水には長短とか四角とか円とかの相もなく、清濁の別もなく甘い苦いの味もないが、雨水を入れる容器によってそうした違いが出てくる。ここで雨水は理であり、容器は事である。生まれつきの性命（天から授かった性質と運命）もまたこのようなものであるから、ベゼタチイワ、センシチイワ、ラショナルなどと、その理を別々に分けられようか」と言う。人間という生命のありかただけが特別なものであって、植物や禽獣の生命のありかたと本質的に異なるという主張はおかしい、ということなのである。

第二の批判は、「アニマ・ラショラルには現世の業によって後世でDs〔デウス〕が苦楽を与えられと言うが、これは無道（道理に外れること）ではないか」というものである。つまり、「Dsはだれが頼み、だれが雇うということもないのに、量ることのできぬ無数の人間をつくって地獄に堕し、永久に尽きることのない苦しみに苦しみを重ねさせる。大慈大悲のDsといえようか。大慈大悲とは、苦をすくい、楽を与えることこそを言うのである」ということである。「神ならぬ人間であっても、聖主とか賢君と呼ばれるような人は、人々の苦しみを救うことを考えるのに、これでは極悪非道ではないか」と言うのである。

天使と悪魔をめぐって

【三段】の教えとしてダイウス門徒は「Ds〔デゥス〕はスピリツアル・ススタンシヤといって、無色無形の実体であり、天地に充ち満ちていまさぬところがないのであるが、特に威光を顕わし、善人に楽を与え給うために、パライゾといって極楽の世界を、諸天の上に作られた。そして人間より先にアンジョ（天使）といって量りもなく無数の天人を作られ、まだそのお姿を顕されなかった」と、神が天使を創造した由来を説く。そして続けて「その無量のアンジョのうちルシヘルという者は、自分の善美に誇って、自分はDsである、私を拝めと勧めたところ、かの無数のアンジョのうち、三分の一はルシヘルに同意した。そこでDsは、ルシヘルを初めとし、彼に同意した三分の一のアンジョを下界に追い下し、インヘルノに堕さしめられた。これはすなわち、アンジョが高慢の罪によって、ヂヤボ（悪魔）といって、天狗になったものである」と、悪魔の由来を説くと言う。

この教えに対して、ハビアンは、真っ向から一刀両断する。「Dsはサピエンチイシモ（最高智）といって、過去現在未来の三世にわたる明達の智であるならば、かのアンジョを作ったならば、すぐに科に落ちるであろうということを知らなければならない。知らなかったならば、三世了達の智というのは嘘である。また、知りながら作ったのならば、無慈悲なこと第一である。全能のDsならばアンジョが科に落ちないように、どうして作らなかったのか。科に落ちるのをそのままにまかせて置いたのは、無数の天魔を作ったものと言うべきである」と。

天使とか悪魔の存在については、古代ペルシャの宗教に見られる善神と悪神の闘いという二元論的コスモロジーの発想が、後期ユダヤ教に、そして原始キリスト教に入ってきたものといわれるが、〈ケレド〉に示す信仰箇条には含まれない。しかし、カトリックの伝統的信仰として、現在に至るまで暗黙のうちに前提とされ、語り伝えられてきたものである。言い換えるならば、天使と悪魔は、カトリック的なコスモロジーの重要な要素となってきたものといってよい。

ハビアンの知性的で理性的な批判からすれば、特に悪魔の出自と存在についての説明の仕方は、確かに、全知全能のデウスの概念とは矛盾するといわなければならないであろう。

楽園追放と人類の原罪

【四段】の教えとしてダイウス門徒はこのように説く。

Dsは天地のありとあらゆる万像を作り終わられて、万物の霊長として人間を作られた。ただし人間は初めから、このように量りなく無数に作り給うたと言うのではない。アダン、エワといって夫婦二人を作られ、すべての知恵、分別を与えられ、パライゾ・テレアルという地上の極楽世界に置かれた。このパライゾ・テレアルという所は、寒からず熱からず、もろもろの苦から離れたところである。Dsは一つの戒律をアダン、エワに授けられた。いろいろの木や草の実を食べても、マサンという果実を食べてはいけない。このおきてを保つならば、アダン、エワのことは言うまでもなく、子々孫々に至るまで不老不死、如意満足であって、一定の時にまた天上のパライゾへ召しあげられるであろう。ただし破戒の人となるならば、パライゾ・テレアルからも追放し、死苦、病苦を初めとして多くの苦しみを身に受け、終わりにはインヘルノという地獄に堕してしまうであろう。

ルシヘルという天狗が、パライゾ・テレアルにひそかに入り、エワに勧めて言うには、どうしてこのマサンの菓子を食べないのか。これは三世を知る知恵の菓子であって、これを食べればDsのようになれるから禁ぜられ給うのであると言うと、エワはこれを食べた。夫のアダンも同じくこれを食べ、天戒を破ったので、パライゾ・テレアルを二人とも追い出され、子孫である私たちに至るまで、死苦、病苦をはじめ、難儀、困難、ここにきわまり、そのうえ、インヘルノに堕されるべき身となったものである。

人祖の楽園追放と人間誰もが持つ死や病の苦しみという原罪についての教義である。これに対しても、ハビアンは一刀両断である。

彼がまず第一に挙げるのは、「マダンの実を食べるな」と言うDs〔デウス〕の命令の荒唐無稽さである。「天戒という名は尊いようではあるが、戒律できめるものが、マダンの菓子という甘《あま》柿《ぼし》のようなものを食べるなということであるなど、笑いぐさである。天上の果を得るか地獄に堕ちるかという一大事の因縁とするのに、甘柿とは物足りぬことではないか」と言う。

第二に挙げるのは、こうした結末についてもDsは予見出来ていたはずなのに、なぜ、むざむざとアダンとエワが、さらにはその子孫たちが、楽園から追い出され、インヘルノに堕ちるような事態となるのを座視しているのか、という批判である。「Dsは悪魔のルシヘルを作り置くばかりか、アダン、エワをだます時にお護りをもなされず、科に落ちたらよい、見て笑ってやろうとばかりに、甘柿を食べれば、たちまちパライゾ・テレアルからも追い出し、アダン、エワは言うまでもなく、すべての人間を地獄に入れようとは、Dsに似合わしい考えなのか、理にかなったことなのか」と指弾するのである。

この「人祖の楽園追放」も「人類の原罪」という考えも、旧約聖書の創世記にある物語であり、〈ケレド〉の内容とは直接に関係してこない。しかしながらこの点もまた、カトリック的なコスモロジーのなかでは、伝統的に重要な要素となってきたものである。この物語の内的構造からしても、「全知全能で慈愛に満ちたデウス」という大前提と著しく矛盾するではないか、というのがハビアンの批判である。

科送りを全うするための受肉

【五段】の教えとしてダイウス門徒は、「アダン、エワが罪を犯してのち、死苦、病苦をはじめとして不如意、不足なことを見、特に死んだのちインヘルノに堕ちるべき難儀を反省して、コンチリサンといって後悔を起こし、今生のことはともかくとして、その身をはじめとし、科を悔い悲しむ者どもの後生を扶け給えと日常起き伏しに天を仰ぎ地にひれふして祈られたので、Ds〔デウス〕は大慈大悲の上から扶けられようと思われ、また正義の上から、それに当るべき科《とが》送《おく》りをさせようとされたけれども、人間の限りある身としては、それ相応の科送りをすることができない。量りない無限のDsに対して犯した科であるから、量りない無限の科送りをなさなければならないからである」と説く。そして「Dsは人の姿を受けられこの世に生れられ、人間の科送りを全うせられようとの天約をアダン、エワになされ、アダン、エワはこれを子孫に言い伝えた」と説く、と言う。

これに批判してハビアンは、諺にいう「切って継ぎ番匠《ばんじょう》」だとする。良い木材を切って五間の梁に渡そうとしたけれど短く切り過ぎたので、また継いでその木材を無駄にしないようにする、ということである。そういう無理した辻褄合わせも良いとして、そもそも長いものを短く切り損なった誤り自体は言語道断だ、というのである。

そして「Dsがアダン、エワを善道に生きるものとして創ることに失敗した」のがもともとの誤りだと言う。科送りの仕組みを作ってくれたのはありがたいとしても、「なまじっか人間を創ろうとして創りそこない、いまこの多くの苦しみが充ち満ちている身と我々をしたことは、なんとありがたくもない計画であることよ」と言うのである。さらにまた、「量りない無限のDsに対して犯した科であるから、有限の人間が科送りをすることは不可能であるというのはおかしい。マサン一つを食べた科もDsに対する量りない科となるならば、どうしてまたDsに対して罪を悔い悲しみ懺悔する心があって、悔いの八千度までも身を焦し、血の涙に沈む善業も、量りない善根とはならないことがあろうか」と言う。人の行為によってデウスへの大罪が生じるのならば、同じように人の悔い改めと罪の償いという行為によってデウスへの大罪が許される、ということがどうして不可能だとするのであろうかということである。

天なる父の受肉としての子なる神、そして子なる神であるイエスの受難と死による人類の贖罪ということは、〈ケレド〉の（2）（3）（4）（11）（12）（13）あたりが関係している。そしてカトリック的（パウロ教的）な〈信〉の体系のなかで、このあたりのことは、中核的な重要性を持つところである。ハビアンは非常に知性的かつ理性的に、この中心的教義を論駆しているといってよい。

ゼズ・キリシトの誕生と生涯

【六段】の教えとしてダイウス門徒は次のように教える。

Dsの御降生については、天地開闢からおよそ五千年を経て、帝王セイザルの治政下に、ジュデヨ（ユダヤ）の国のベレン（ベトレヘム）という村において誕生された。御母をサンタマリヤ、御父をジョゼイフという。サンタマリヤもジョゼイフもビルゼン（童貞）といって一生結婚のことはなくして、懐胎し誕生された。

サンタ・マリヤが、ある時、観想の窓に向かい心を澄ましておられるうち、夕暮れになって不意にアンジョが現われ、《Dsの恩寵みちみち給うマリアに敬意を表し奉る、御主は御身とともにまします》と申された。この時から懐妊され、十ヵ月みちて、ベレンにおいて真夜中に厩のうちで御誕生された。その時、天人天降り、音楽を奏し、珍しい香の匂りが四方にひろがりみちた。この時の不思議な瑞相をもってDsの御降生を顕し給うたのである。

この誕生された主をゼズ・キリシトと申し奉る。御在世三十三年、衆生に善道を教えられ、御身みずからをDsであると仰せられたから、ジュデヨの一党は、これを聞いて魔法であると言い、権力者に訴え出てきびしく責め立て、打ちのめし、終にクルス（十字架）という磔物《はたもの》に掛け奉った。

これをもって人間の罪を滅ぼし、善に生まれ変わる功徳、アダン、エワの科送りとして、三十三の御年でおかくれになった。そして三日目によみがえられ、そののち四十日を経て御昇天なされたのである。それから今まで、およそ千六百年を経ている。

これは、少し不足の部分があるとはいえ、基本的に〈ケレド〉の（3）（4）（5）（6）に関わるものである。ハビアンは、このようなゼズ・キリシトの物語に対し、次のように言う。

まず第一に、「Ds〔デウス〕の出世は天地開闢から五千年に及ぶという。この間、科送りがなかったのなら、その間の全世界の人間が地獄に堕ちたに違いなく、その数は無量無数であろう。それを見ながら哀れとも思わず衆生を救うための手段に心を傾けないものを、慈悲の主といえようか」と批判する。それに加えて、和漢の歴史書の年数に比べ、五千年と千六百年で、天地開闢以来わずか六千六百年しか経っていないとは短か過ぎるのではないか、とも言う。

続いて、父母が結婚しないで生涯ビルゼンのままゼズ・キリシトをもうけた、という点を批判する。「結婚は人間の道の常とすることである。常なることに反するのは、かえって悪とする。もし天下の人間がみな結婚ということをしなかったなら、国郡、郷里、人の種が絶え、ほろびるほかはない」とハビアンは言う。

また、「ゼズ・キリシトが天地の主と名乗ったから、ジュデヨの一党が魔法であるといって、権力者に訴え、十字架にかけ、命を絶ったと言う。もっとも、これはそうあることであろう。今、眼前の日本において、お前らダイウスの教えは聖人の道に背く魔法であるといって、賢君がこれを退治されようとお考えになり、人民たちもまたこれを憎悪して告げ訴える。そして首をはねられ、十字架にかけられ、あるいは焼き殺されている。昔の賢人と後の賢人の政治は符節を合わせるように一致している」と容赦ない。

さらに、「よみがえって昇天したと説くことは尊いことのようではあるが、もともとが邪法なのであるから、みな魔法、幻術なのであろう」と一刀両断するのである。

〈ケレド〉にしても、ハビアンのゼズ・キリシト論にしても、イエス自身が説いた教えの内容はまったく出てこない。イエスの生涯をネタにした壮大な人類救済物語（＝パウロ教）としての当時のキリスト教（十六世紀から十七世紀にかけての南欧カトリック、そしてその導入としての日本のキリシタン）の姿をまざまざとみせつけるものといってよいのではないだろうか。

十ケ条のマダメント

この【六段】までが教理の要領であり、よく納得されたなら受法されたい、とダイウス門徒は言うという。そして受法の後は、【七段】の教えとして、十ケ条のマダメント〔戒律〕が示される。ダイウス門徒となれば、これを守らねばならないとされるわけである。この内容は以下の各条である〔海老沢有道の訳〕。

第一、Ds御一体を万事に越え大切に敬い奉るべし。
第二、Dsの御名にかけて空しき誓いすべからず。
第三、ドミンゴ〔主日〕とて七日目七日目を用い勤むべし。
第四、父母に孝行すべし。
第五、人を殺すべからず。
第六、邪婬を犯すべからず。
第七、偸盗すべからず。
第八、人に讒言をなすべからず。
第九、他の妻を恋慕すべからず。
第十、他の財宝を濫望すべからず。

ハビアンは、この十ケ条の第一のマダメントについてのみを取り上げ、「(これは)主人よりも父母よりもDs［デウス］を重んじ奉って、Dsの御心にそむくことであるならば、主人に仕えるのをやめ、その命令にも従ってはいけない。身命を惜しんではいけない」という説明を加える。この点は、武士の倫理とキリシタンの倫理の相克ということで、当時のキリシタン武士を悩ませた問題であり、また同時に、キリシタン排撃の側からの大きな批判攻撃の的となったものである。ハビアンは他のマダメントについては説明を加えず、ただ「受法の時名をつける儀式＝バウチヅモの授け」（洗礼の儀式）について述べるのみである。

この十ケ条のマダメントについて、ハビアンはまず「初条を除いては、殺生、偸盗、邪婬、妄語、飲酒などをしてはいけないという五戒の範囲を出ない」と指摘する。そして「初条に、Dsの心にそむくことならば、君や父の命令にも随ってはならぬ、身命を軽んぜよとある一条は、国家を傾け奪い、仏法、王法をもみな滅ぼしてしまおうとする意味が含まれている。どうして早くこの連中に強い戒めを加えなくてよかろうか」と批判する。

そのうえで「すべて最高の善い教えというものは人民が日々に用いる倫理、道徳の外に求める必要はない。人の道というものはその種類はきわめて多いけれども、五つの道にすぎるものはない。君臣、父子、夫婦、兄弟、朋友がその職分を尽くせば、また何を加える必要があろうか。これを乱すものは悪逆無道である」と、現実の社会秩序尊重を最優先する現世主義的倫理観を強く押し出す。

こうした考えかたに立てば、「Dsの心にそむくというのは、仏神に帰依することである。それで、ダイウスの宗旨をかえて仏神に帰依せよとの君命がきわめて厳重であるけれどもキリシタンらは身命も惜しまず、刑罰に逢っても、かえってそれを悦んでいる。看て見よ、彼等は君命よりも伴天連の命令を重んじ、父母の恩や恵みよりも伴天連の教化をなおありがたいとすることを」という批判にならざるを得ない。そしてこのことは、「王法を傾け、仏神をほろぼし、日本の風俗を排し、自分の国の風俗を移し、国を奪おうとの謀略をめぐらしていること以外の何ものでもない」という認識につながっていくことになる。

そして、「善を勧めるのは賞、悪をこらしめるのは罰であり、罰は命を絶たれること以上に大きなことはないのに、ダイウス門徒が命を絶たれるのを恐れず、宗旨を変えないことは恐るべきことである。このひどい悪はどこから起こるかと見ると、第一のマダメントに『万事に越えてDsを大切に敬い奉れ』ということからである。このような邪法を弘めるのは、まったく天魔のなすわざである」とする。

このハビアンの論理には、権力機構や世俗一般の支配的信念体系と異なった信念を心に抱くことも許容されなくてはならない、といった「思想信条の自由」という近代社会的な人権意識はない。また、「現世での犠牲が来世で報われる」という当時のキリシタンの教えでも仏教の教えでも重視されていた来世意識、あるいは「死後の救い」の観念もない。

またハビアンは、洗礼を受けることによって初めて救われる、という論理に対しても強く批判する。「バウチズモの授けを受けないものは、善人であってもDsは扶けられないと言う。この理は判らない。授けを受けないものであっても善人であるならば、どういうわけで罰を与えるのであるか。『大明に私照なく、大親に私親なし』といわれている。それなのに、これは自分のほうのものである、これは自分の心にかなったものである、などと、心あるほどのDsであるならば、それはみな人間の気質にほかならない。人間の気質をもって天命を量るなど、無学の至りである」と言うのである。

なお、ここで論じられている十ケ条のマダメントは、キリシタンの教会当局の公式の教義解説書である「ドチリイナ・キリシタン」に述べられているところと同一であり、何の誤りもない。ハビアンは、『破提宇子』執筆の時、キリシタンのイルマンであった十年以上前の頃の記憶に依拠しただけでなく、『ドチリイナ・キリシタン』を初め少なからぬキリシタンの基本書を身近に置いて参照していたことがここから伺われるであろう。

ちなみに、このマダメントの原形となったのは神がモーゼに対しシナイ山において与えたとされる十戒〔旧約聖書「出エジプト記」〕であるが、当時の日本に導入されたものとオリジナルのものとのあいだには若干の相違が見られる。

まず「モーゼの十戒」のうち、第一戒に含まれる「いかなる像も作ってはならない」との戒めが、日本版マダメントには欠けている。ユダヤ教もイスラム教も、モーゼの十戒は信仰箇条のなかに入っており、したがって、モーゼや他の預言者の像も、モハメッドらの像も作らない。しかしキリスト教では、イエスの像もマリアの像も聖堂には必備のものといってよい。こうした実態からいって、キリシタン信徒に要らぬ懐疑を与えることのないよう、モーゼの第一戒の一部を削除したのであろうか。

逆に、日本版マダメントの第九条「他の妻を恋慕すべからず」は、モーゼの十戒には見られないものである。これは、マダメントの第六条（モーゼの第七戒）の「邪淫を犯すべからず」と内容的に重複する面が多いが、十ケ条という数合わせのために入れたのであろうか。あるいは、当時の日本社会では、特に宣教師の接した上層階級の人たちのあいだでは、一夫一婦制が実質的に弱いという実態（側室やそばめ、妾の公然たる存在など）に基づく戒めなのであろうか。

さらには、ハビアンが最もこだわっている第一戒にしても、モーゼの十戒では「私をおいて他に神があってはならない」という強い排他的トーンがあるのに対し、日本版マダメントでは、この排他的トーンが少し弱くなっている感がある。

いずれにせよ、日本での布教にあたって、キリシタン教団の責任ある立場の人たちが、旧約聖書の最も基底的な部分にまで手を加えて、当時の日本の人たちの耳目に入りやすいかたちのものにしようとした、という事実は興味深い点である。

破提宇子とケレド

以上、マダメントについてまでで、「ダイウス七段の説教の要項を挙げて論じてきたものである」とする。続けて伴天連やキリシタン教団についての強い批判が述べられるが、この点については次の章で詳しく見ていくことにする。ただし、この批判のなかに、キリシタンの信仰内容に関わる重要な点が三点含まれているので、ここでも簡単に触れておくことにしたい。

まず第一は、今の言葉でいうと、ミサにおける聖変化と呼ばれるものである。ハビアンは「ダイウスの寺でも朝夕の勤行があって、朝の勤めをミイサといって経を読む。また、ヲスチアという小麦の粉で南蛮煎餅のようなものに、要文を唱えれば、ゼズ・キリシトの真の肉になるといい、また葡萄の酒を銀の盃につぎ、同様、文をとなえればゼズ・キリシトの真の血になるといって、かの煎餅を食べ、その酒を飲む勤めがある」と述べる。そして「小麦の煎餅がゼズ・キリシトの肉となり、葡萄の酒が血に変わるということは、とても人の信用できないこと」である、と切り捨てる。

第二は、コンヒサンという、今の言葉では告解とか告白とか呼ばれるものである。ハビアンは「コンヒサンの時は他人を近付けず、自分と伴天連ただ二人で相対し、山賊や海賊などをはたらき、もしくは父を殺し母を殺す五逆の罪、国家を傾けようとの謀反、反逆などの大きな犯罪であっても、残らず懺悔すると、伴天連はこれを聞いて、赦しを与えるとその罪が消滅するという」と述べる。そして「そうだとすると魔法である。国家をくつがえすほどの大反逆罪をも伴天連が聞いて赦せば、その罪が消滅すると教えるのは、科を犯しても差しつかえないものだと弘めるのと同じことである。これをもって考えるに、伴天連は悪党の棟梁であり、謀反、殺害人の導師ともいいえよう」と批判する。

第三は、奇蹟についてである。

「ダイウスの宗には奇蹟が多く、特にマルチルといって教えのために命を捨てるものたちの上に不思議なことが多いと聞くが、……」という問い掛けに対して、「私も十九で出家ののち、かの寺で二十二、三年も修行を経、人の数にも数えられていたが、何であれ奇蹟のようなものは一つも見なかった」と言う。また、「マルチルの上にも、何にも奇蹟を見なかった」と述べる。そして、日蓮聖人は大難に四度も会いながら常に奇跡によって難を逃れ、教えが広まったことを述べた後、「伴天連が殺されても奇跡も瑞相も見ない」と言う。当時のキリシタンのあいだに強固であった「奇跡待望」的な信仰（カトリック世界の伝統ともなっている超自然的な〝神の介入〟への憧れと期待）に冷水を浴びせかけるような発言である。

ここまで、『破提宇子』が何をキリシタン教義の主要部分としてとりあげ、それに対してどのような批判を加えてきたかを見てきた。これを総括的にまとめてみるために、まず、『破提宇子』がとりあげた点が〈ケレド〉のどの点に関係したものであるか、対照表のかたちで示しておくことにしたい。なお、〈ケレド〉には含まれないがハビアンのとりあげて論じている点を、この表の破線のあとに示しておくことにする。

〈ケレド〉と『破提宇子』との対応関係

〈ケレド〉	破提宇子（紹介）	破提宇子（批判）
1　全能の創造主	【初段】	○　創造主の想定は不必要
2　子なる神ゼスキリシト	【初段】【五段】	○　ゼスキリシトは人間
3　ゼスは聖霊で懐胎、処女から生誕	【六段】	○　結婚で子が誕生が常道
4　ゼスの受難・死去	【五段】【六段】	○　贖罪の死は認めない
5　ゼスの復活	【六段】	○　（無関心）
6　ゼスの昇天	【六段】	○　（無関心）
7　生者と死者を裁くゼスの降臨		○　（無関心）
8　聖霊		○　（無関心）
9　聖なる教会		○　（無関心）
10　聖徒の通交		○　（無関心）
11　罪の赦し	【五段】	○　原罪を問う神の想定は不合理
12　身体の復活		○　（認めない）
13　永遠の生命		○　（認めない）

【二段】魂の不滅　……………………　○想定が不合理
【三段】天使と悪魔　○想定が不合理
【四段】人祖の罪　○想定が不合理
【七段】十　戒　○第一戒は反逆思想
○第二・三戒には無関心
○第四～十戒は人として常識
【七段】洗　礼　……………………　○救いの必須条件視は不合理
【段外】聖変化　○非現実的で不合理
【段外】告　解　○悪の助長で不合理
【段外】奇　蹟　○長い教団生活ながら未見

この表にも見られるように、ハビアンが最も重視したのは、創造主としての神の存在【初段】であり、その神への絶対忠誠の倫理【七段の第一戒】である。これは当時のキリシタンからいえば、コスモロジーの中核になる点であり、生きかたの基本となる点である。宣教師に日本語の上手い人が少なかったこともあり、ハビアンら日本人のイルマンや同宿が実際にはキリシタン信徒に説教していたことを考えると、こうした唯一神の存在とその神への絶対帰依が、当時のキリシタン信仰の中核に置かれたものであったことが分かる。このことは、イエス・キリスト（ゼス・キリシト）に対する関心の薄さにも反映されており、さらには「メタノイア（回心）」の強調に代表される〝イエス自身の「人間としてのありかたの根源的変革」への呼びかけ〟に対してまったくの無関心ということにも繋がっている。

このように見てくると、当時のキリシタンは、本書のエピローグで述べる〝キリスト教の持つ三つの基本アスペクト〟の点からいうと、結局のところは「モーセ教」である、ということになる。そこには若干の「パウロ教」的要素を認めることができるが、どう見ても「イエス教」ではなかった、と結論づけてよいであろう。

キリシタンの宗教的習俗に関わる信仰について、ハビアンは全否定ともいうべき態度であることも、見過ごすことはできない。彼の宗教観では、「理解できないゆえに信じる」といった非合理性は許すことができない。カルト的なかたちで非合理的な事がらを信じ込ませ、マインドコントロールしようとする人や団体のことを「宗教的」とイメージしやすい現代社会においても、彼の合理精神は貴重ではないだろうか。

ハビアンの思想の基本特性

さて、『破提宇子』を通じて見てみると、ハビアンの発想なり思想なりの特徴が顕著に現れているように思われる。主な点を列挙してみることにしよう。

現世主義

死後（来世で）の救いを願うということがなく、現世の栄誉・幸福に基本的な価値を置く。『妙貞問答』では「Ds〔デウス〕を信じれば現世安穏のみならず後生善所も実現」と強調されていたにもかかわらず、「後生」のことは『破提宇子』では必ずしも重視されていない。「キリシタン大名といわれた人たちはすべて没落し不幸になったではないか」という指摘をおこなって事終われり、としている点などは、ハビアンの現世主義を如実に示すものである。

こうした彼のリアリズムは、当時の日本人の多くが後生の幸せに大きな意義を置いていたことを考えると、かなり異質なものといってよい。また、ハビアンの棄教の一年半ほど前のことだったと推定される一六〇六年六月、若き林道春〔羅山〕が京都下京のキリシタン教会に乗り込んでおこなった公開討論において、「人の霊魂に始めがあれば必ず終りもあるはずだ」という道春の霊魂不滅論批判に対し、ハビアンは黙したまま何も答えなかった、との記録も残る。[†7] ハビアンは「後生の救い」という信仰に対し、キリシタン教団に所属していた頃から必ずしも強い確信を持ってはいなかった、ということを如実に示すものではないだろうか。

世俗（我々の世界のみ）主義

自分だけの独自固有な世界（＝〈我の世界〉）を留保する、という感覚に欠けている、という印象を受ける。イエスの「シーザーのものはシーザーへ、神のものは神へ」という世俗的秩序の相対化がなく、現実世界の秩序がすべての基準になっている。「臣としては無条件に君に忠をつくすべき（神に対してでなく）」と強調する点など、この感覚が如実に現れていると見てよい。

〈我の世界〉の強調こそ宗教的な感覚の土台となるものであることを考えると、ハビアンにはもともとこうした意味での宗教性が薄かったのではないか、と思われる点である。しかしながら、独自固有の〈我の世界〉を自分自身のなかに実感することなく、人々のなかに組み込まれたなかでのみ基本的意味感を得るというありかたは、日本人の多くに（現代人にはなおさら）見られる特徴であるといってよい。

述語的認識志向

述語的に状況を整理して捉えるのみならず、その述語の主語となるものを求めてやまないヨーロッパ的な発想（＝主語重視的認識志向）との違いが顕著である。「創造主を想定する必要があるのか」という先に見てきた議論として、この点が最もよく現れているであろう。

こうした傾向は、「日本語の文章においては必ずしも主語を明示しない場合が多い」ということとも関係しているのではないだろうか。源氏物語のような古典はもちろん、谷崎潤一郎の後期の小説に見られる文体など、その典型といってよいであろう。「誰がそうしたのか」「誰の責任でそうなったのか」といったかたちで状況を主宰しているものを常に明確化したがる発想と、状況については詳細に認識したいにしてもその状況自体は「運命的な成り行きによって」あるいは「自然に（おのずから）」招来されたものとして特定の主宰者や責任者を考えようとしない発想との違いでもある。

我が国では、巨大事故のような明らかな人災といってよいものまでも一種の天災として捉えがちな点にも、そうした感覚がうかがえるであろう。また、重大犯罪についても、それを引き起こした人の責任を問うよりも、そうした犯罪が生じずにはいなかった周辺の事情を問題にしたがるといった点にも、こうした認識傾向がうかがえるのではないだろうか。

合理主義

論理的な整合性を強く求める性向を持つ。

特に「悪魔の存在」「人祖の罪」などは全知全能のDsのありかたと矛盾する、という指摘は、ハビアンの合理精神の強い現れであろう。これは彼の知性と理性の優秀さを示すものである。

ただ、「現実は矛盾に満ちており、その矛盾にこだわって考えていくことによって一段階高次の統合的な視点を獲得できる場合がある」などという判断留保的な姿勢、その時その場での判断の相対化、総じていえば自分の論理に対する謙虚さは、彼の場合、決定的に欠けているといってよい。

　これはキリシタン教義を論詰する書であるという『破提宇子』の基本性格からいって当然のこととすべきなのかもしれないが、自己正当化の姿勢の強さは、現代のエリート知識人にも通じるものがありそうに思える点であり、興味深い。

　しかしながら、当時のキリシタン宣教師が説いていた「不合理なものを信じることこそ真の信仰」という究極の反合理主義に染まることがなかった点は、やはり高く評価できる。この反合理主義の視点からの典型的なハビアン批判（＝悪罵）は、当時のドミニコ会宣教師オルファネールによる次のようなものであろう。[†8]

> ファビアン〔ハビアン〕は最近出版した反キリスト教的な小著〔『破提宇子』〕のなかで、ディオス〔Ds〕とその全善、摂理に対して邪説と冒涜に満ちた言辞を述べた……。もし人間の悟性がディオスを理解し得るとすれば、ディオスはディオスでなくなるであろう。されば、愚かにもファビアンは哲学上、明白なこの原理を知らず、測り知られざるものを測り、終りなきものの終りを見出し、言語を絶したディオスの問題を悪しざまに罵倒しようとしたのである。それゆえ、彼は堕落して遂に背教し、信仰を捨ててふたたび偶像崇拝に立ち帰るに至り、この結果、彼は自己の欲望を満たして存分に楽しむことができるであろう。……

ここで挙げたハビアンの発想なり思想なりの特徴は、スペイン・ポルトガル・イタリアなどの文化伝統に立つ当時のキリシタン宣教師のそれとは、かなり大きく異なったものであったであろう。とにもかくにも彼の発想なり思想なりは、当時の日本の知識人としては最上の部類に属するものであったと考えられる。

人間としての自然な感覚に立つ無理のない論理の立てかたを大事にする、といった日本の伝統的発想の土壌の上に立ちながら、儒教や仏教の現実主義的発想を取り入れ、当時のヨーロッパの学問との接触によって合理的思考を一層磨き、一人の自立した知識人としての資質を形成してきたと見てよいであろう。特に、日本の伝統的なものを持ちつつも、当時のキリシタンもまた色濃く持っていた呪術性や非合理性（たとえば奇蹟譚の横行）を徹底的に排した点は、特筆すべき点である。

キリシタンの宣教が、日本においては大衆的な〈習俗〉としての浸透は達成できても、深い精神性を持つ〈覚〉のかたちで日本の文化的伝統のなかへの浸透を実現できなかった原因のひとつは、宣教師が当時の日本の知識人のこうした優れた資質を十分に理解出来なかったためではないか、と思われてならない。

ハビアンの信仰のありかたへの批判

なお、キリシタン思想研究の第一人者と目されることもある海老沢有道は、『破提宇子』の解説のなかで、[†9]「ハビアンが信仰的に浅薄であったために、こうした反キリシタン的文書を公刊したのだ」とする。この批判も、ハビアンの思想の内実に十分なかたちで立ち入ることなく、キリシタン宗門の立場にたって反逆者を全面的に否定し去る、といった傲岸で「居丈高な」(＝海老沢がハビアン批判に用いている言葉)態度に終始しているように思えてならない。

少なくとも、学問的あるいは学者的な姿勢を欠いた批判のように思われるのであるが、如何であろうか。私がそう考える理由の主要なポイントについては、次に掲げる海老沢の解説からの引用を読んで頂いたうえで考えてみていただきたい。

> その棄教は、私は当然なさるべくしてなされたとすら考える。というのは、『妙貞問答』において神道を生殖伝説として斥けたり、秘伝・秘事を批判したりして、合理的精神を高調した彼であったが、肝心のキリシタン教理を展開するに当たっては、創造主の存在を説くものの、その他の点に関しては、素朴な伝承による説明があるばかりであって、跋文における「キリシタンの教ヘノ有難キ程ヲワキマエ玉フベキ為」という語にもかかわらず、デウスの御大切(愛)、キリストの十字架による救いという宗教体験からほとばしり出る積極的な信仰の把握と証明がなく、神学的にも基本的な三位一体論にも触れていない。従ってまたデウスのガラサについても理解されていないようである。すなわち彼のキリシタン理解は、いわば口

頭禅的なものにすぎなかったように思われるからである。また神儒仏批判にしても、その比喩的言辞の末節、あるいはすべてを即物的に考えて批判し去るというような、宗教信仰の内面性を無視する態度に終始していることは、彼みずからがキリストの神性を否定する『破提宇子』の語にも見られるように彼のキリシタン理解にもあてはめられることと思うからである。そうした彼の信仰的浅薄さは、バアデレの言動に、あるいは客観情勢の動向につれていつかは動揺せざるを得なかったであろう。そして情勢がキリシタンに不利になり、徹底的迫害期にはいった元和年間にもなると、ハビアンは、好機とばかりに居丈け高になって、反キリシタン書『破提宇子』を発表したのである。しかし、ついに宗教的人間であり得なかった彼はここでも同様に、外面的な、支葉末節的なことに終始するのであり、その論法はまったく『妙貞問答』を裏返したごとく、それにおいて批判したことを、これにおいて論拠として、それにおいて批判するという有様で、思想的・宗教的発展はまったく見られず、彼の得ていた禅儒的観点から浅薄な論をなしているといわねばならない。それがハビアンという信仰的・内面的把握をなし得なかった人間の限界であるといえよう。

海老沢のハビアン批判に必ずしも同意出来ない点の第一は、ハビアンの信仰が内面的に深いものでなかったという批判を、あたかも当時のキリシタンの教えが（言い換えるなら当時のキリシタン宣教師の信仰が）内面的に深いものであったかのような前提で語っていることにある。たとえば、キリストの十字架による救いという「パウロ教」的な信仰内容が、当時のキリシタン宣教師に、単なるコスモロジー（世界観）以上のものとして深く根づいていたのかどうかである。創造主である唯一の神デウスの存在という「モーゼ教」的な信仰内容にしても、彼らにとってコスモロジー（世界観）以上のものであったかどうかである。デウスのガラサにしても、三位一体論についても、同様である。もしもこうした信仰＝世界観が、当時のキリシタン宣教師に深い宗教的な覚醒をもたらすほどのものとして内面深く根づいていたとするならば、江戸幕府の迫害にも屈せぬ数多くのキリシタン信仰集団を後に遺すことができたであろうと思われてならない。

確かに江戸時代を通じて、幕藩権力の力が必ずしも強くは及ばなかった地域に若干の隠れキリシタンが遺ったわけであるが、彼らの信仰内容は土俗的なものへと大きく変容し、単に生きのびたという以上の積極的な宗教的意味は持ち得なかったことも、思い起こしたいものである。さらには、キリシタン宣教師が殉教したという事実があったとしても、それはローマ法王ないしイエズス会総長に代表される当時のカトリック教会に対しての、あるいは南欧的キリスト教世界に対しての忠誠のためであった、ということであるならば、必ずしもそれを宗教性の深さ故のものと考えるわけにはいかない。

海老沢のハビアン批判に際しての立論がいかに「党派性」に立ったものであるかをうかがわせる点である。

海老沢の立論に必ずしも同意できない第二の点は、彼の立論の仕方の非論理性をはらんだご都合主義である。

たとえばこれは、『妙貞問答』におけるハビアンの神儒仏批判とキリシタン教理の主張内容を、海老沢は『破提宇子』の解説ではハビアン自身の（浅薄かつ非宗教的な）思想であるとしながら、同じ本の『妙貞問答』の解説では、当時のキリシタン教団当局の公式見解を反映したものとしている点にも見られる。[†10] 海老沢自身、『妙貞問答』の土台となったとする『日本のカテキズム』の一部を、ポルトガルのエヴォラ図書館に所蔵されていた桃山時代の古屏風の内張りから発見したことを誇りにしている人でもある。いずれにせよ『妙貞問答』の解説では、次のように述べる。

従来それが独立的にハビアンによつて編されたように考えられて来たが、一九六〇年新発見の教理書『日本のカテキズモ』と発想法や教理解説の順序をほぼ等しくしており、ハビアンの思想系統がようやく明かになった。……一五七九（天正七）年来日した巡察師ヴァリニァーノは、日本事情をよく理解し、布教法の再検討をなすとともに、一五八〇年秋から翌春にかけて、日本宗教事情に通暁していた邦人イルマンたち、特にパウロやうほうらに嘱して日本宗教を論破しつつ、キリシタン教理を展開する『日本のカテキズモ』を編せしめたのであった。……その『日本のカテキズモ』は一五八一年春開設の安土セミナリヨにもたらされたらしく、ヴァリニァーノの日本人聖職者養成方針の協力者オルガンティノによって教育が進められたのであった。従ってそのころ入信したハビアンがまだセミナリヨに入学していなかったにせよ、それにもとづく教理教育をオルガンティノらから受けたであろうこと、長崎に下ってからはもちろん、ヴァリニァーノの方針によるそれをテキストとした教理教育を受けたであろうことは推定に難くない。『妙貞問答』はこうした基盤と伝統との上に成立したものであるといって良い。

もしも『妙貞問答』の成立事情がここで海老沢の説くようなものであるならば、『妙貞問答』の内容に見られる「宗教信仰の内面性を無視する」ような「信仰的浅薄さ」は、当時のキリシタン宣教師の信仰のありかたの反映であると見たほうが良いのではないだろうか。少なくとも、ハビアンの『破提宇子』が『妙貞問答』を裏返したかたちでの浅薄さを持つことをハビアンの責任に帰して切り捨ててしまう、という態度は公平でも公正でもないように思われるのであるが如何であろうか。

毀誉褒貶はあるにせよ、ここで『破提宇子』の内容について検討してきたところから伺われるように、ハビアンの持つ合理性を重んずる精神、自分の言説に自分で責任をとっていこうとする知識人的自立の精神は明かである。ハビアンは、人生の最後の段階になって、自分自身の「内的真実」に深く立ち返ったと見てよいのではないだろうか。そうした精神的落着のありかたを、この『破提宇子』から如実に伺うことができるように思われてならない。

†1　ハビアン「破提宇子」『キリシタン書・排耶書』（日本思想体系25）海老沢有道他編、岩波書店、一九七〇年。
†2　オルファネール『日本キリシタン教会史1602-1620』（井出勝美訳／ガルシア注）雄松堂書店、一九七七年、二九二頁。
†3　新村出『南蛮広記』岩波書店、一九二五年。
†4　千草子『Fabian Racujit ハビアン落日――羽給べ若王子』清文堂、一九九一年。
†5　海老沢有道・岸野久（校註）「ドチリイナ・キリシタン」海老沢有道ほか編著『キリシタン教理書』（キリシタン文学双書）教文館、一九九三年。
†6　『南蛮寺興廃記・邪教大意・妙貞問答・破提宇子』（東洋文庫14）海老沢有道訳編、平凡社、一九六四年。
†7　林羅山「排耶蘇」海老沢有道ほか編『キリシタン書・排耶書』（日本思想体系25）岩波書店、一九七〇年。
†8　オルファネール『日本キリシタン教会史1602-1620』二九一頁。
†9　『南蛮寺興廃記・邪教大意・妙貞問答・破提宇子』（東洋文庫14）海老沢有道訳編、平凡社、一九六四年、二七五～二七九頁（特に二七六頁）。
†10　『南蛮寺興廃記・邪教大意・妙貞問答・破提宇子』（東洋文庫14）海老沢有道訳編、平凡社、一九六四年、二六～二七頁。

第五章　キリシタンの教えと宣教師

――『破提宇子』の最終部分から

ハビアンの棄教をもたらしたものは、結局のところ、南ヨーロッパからの宣教師たちの、日本人に対する、具体的にはハビアンに対する、傲慢・専横・差別のせいではないか、という見かたが有力である。ハビアン自身がそうした批判を強くおこなっているところからも、確かにこの点は、彼の棄教の大きな要因になっているといってよい。

しかしながら、彼の棄教の最も深い部分での原因は、彼が優れた説教師としてキリシタンの教えを人々に説きながら、みずからの口にしている内容に対して次第に違和感を持ち、終には自分自身のものとして受け入れ難くなっていった、ということにあるのではないだろうか。ヨーロッパ人宣教師に対する嫌悪も、そうした心情的基盤によるところが少なくないように思えてならない。

つまり、自分自身が違和感を持たざるをえない思想を、唾棄したいとまで嫌悪するようになった思想を、宣教師たちが心底から信奉し、しかもそれを臆面もなく得々と日本人に対して押しつけてくる、という辺りに、彼のキリシタン離脱の心情的基盤があったのではないだろうか。しかもそのうえに、そうした馬鹿げた思想に凝り固まった宣教師たちが理不尽にも彼を蔑視して差別的に扱う、ということがあるならば、プライドの高い知識人であるハビアンとしては、到底許すことができない事態であったであろう。こうした心情的な縺れが、ハビアンを単なる棄教者にとどまらせず、人生の最後の局面で、残された力を振り絞って根本的な批判書『破提宇子』を書く、という執念なり熱意なりに駆り立てたのではないだろうか。

ハビアンは『破提宇子』の最後の部分で、痛烈な宣教師批判をおこなう。†1 これは必ずしも体系立てられたものでなく、頭に浮かんできた点を逐次述べていく、という感もないではない。これをまず述べられている順序に従って見ていくことにしたい。

なお、ハビアンは宣教師批判の部分に入る最初に、『論語』〔為政篇第二〕の文句、「その以てする所を視、その由《したが》う所を観、その安んずる所を察すれば、人いずくんぞかくさんや、人いずくんぞかくさんや」を引く。

「実際の言行がどうであるか見てとれば、また何をその原理原則にしているのか見てとれば、さらには何をもってよしとし満足しているのかを見てとれば、その人の本質的な性向をどうして隠すことができようか、隠し通すことなどできるわけはない」ということである。そして、「もしもそういうことであるとするなら、伴天連の平生の言動はどうであろうか」という問いを提起し、問題と思われるところを次々と出していくのである。前の章で既に触れた点を含め、ここではハビアンが『破提宇子』の最後の部分で述べているところを、逐条的にまとめておくことにしたい。

迷信的信心と高慢さ

批判1　毎日の基本的な宗教的勤めであるミサにおいて、煎餅と酒に呪文を唱え、ゼス‐キリシトの肉と血に変える、といった非理性的で不合理なことをおこなう

まず第一にハビアンの挙げるのは、カトリックにおける「ミサでの聖変化」と呼ばれる信仰に関わる点である。

ダイウスの寺にも朝夕の勤行あって、朝のつとめをばミイサ（＝ミサ）といって経を読む。又ヲスチヤ（＝ホスチア）とて、小麦の粉にて南蛮煎餅の如くなるものに要文を唱ゆれば、ゼス‐キリシトの真肉となると言う。また葡萄の酒を銀盞（ぎんさん）に注ぎ、同じく文を唱ゆれば、ゼス‐キリシトの真血となるといいて、彼の煎餅を食い、しこうして右の酒を呑むつとめの候（そうろう）。小麦の煎餅がゼス‐キリシトの肉となり、葡萄の酒が血に変ずると言うこと、人の信用に足らざること、また有難き行ひとも見候。

キリシタンの宣教師たちは、こんな迷信としかいえないとんでもない信心に基づいてミサと称する宗教的なお勤めを毎朝やっているのだ、と告発するのである。「煎餅や酒に呪文を唱えてゼス‐キリシトの肉と血に変えるなどという非合理的なことを信じているくせに、そしてそれがキリシタンの教えの土台にあるというのに、外に対しては、当時のヨーロッパの自然科学の成果を説き、キリシタンが如何に合理的知性的であるかを誇示しているのは、おかしいではないか」ということであろう。

「聖変化によりパンと葡萄酒がキリストの肉と血になる（聖体）」という信仰箇条は、秘跡（サクラメント）と呼ばれ、カトリック教会においては伝統的に無条件に信じるべきものとされてきた。一九六〇年代前半に開催された〈第二バチカン公会議〉以降は、この信仰箇条は、多少なりともシンボリックな意味合いを持つものと解されるのが普通になっているが、それまでは、文字どおりのものとして信じ込むことが要求されてきた。したがって、キリシタン時代には、まさに文字どおり、キリストの肉と血がミサの際の祭壇の上に出現する、と解されていたわけである。

カトリック＝キリシタンの信仰には、この他に、「マリアが処女のままイエスを身籠った（処女懐胎）」とか、「イエスが刑死した後に復活し弟子たちの前に現れた（復活）」といった絶対的信仰箇条がある。こうした「超自然的」なものの信仰は、「聖体」の信仰とともに、合理的な思考や自然科学的世界観とは無縁のものである。こうした信仰箇条に関しては「非合理ゆえに我信ず」といった決意の持ちかたも可能であるが（歴史的には、著名な思想家が何人か、そうした決意を表明してきたが）、いったん違和感を持ち始めたら、合理性を尊重する知識人にとっては迷信以外の何ものでもない、という感覚に導かれるであろう。

ハビアンが宣教師批判の最初にこの点をもってきていることは、彼にとってまさに受け入れがたい迷信を押しつけられ、自分自身でも外部に向かってそれを擁護する発言をしてこざるをえなかった、という内的葛藤の集積の重さを物語っているのではないだろうか。

批判2　高慢であって他の門派の伴天連とも喧嘩口論を厭わない

二番目にハビアンが批判する点は、宣教師たちが「高慢」であることである。具体的には次のように言う。

慢心は諸悪の根元、謙（へりくだり）は諸善の基礎であるから謙るを本（＝基本）とせよと人には勧むれども、性得（＝生まれつき）の国の習ひか、彼等（＝伴天連）の高慢は天魔も及ぶべからず。この高慢故に、他の門派の伴天連と威勢争いにて喧嘩口論に及ぶこと、世俗もそこのけにて見苦しき事、御推量の外と思召せ。余りの事に天川（＝マカオ）にては確執（＝争い）に及ぶ。この七八箇年以前の事とやらん伝承（つたえうけたまわ）る。バレンチイノ・カルワリヨという伴天連の惣司、棒ちぎりを横（よこた）へ、先をかけて他寺へ押寄（おしよす）る上、イルマン、同宿、我先にと面々道具を携へ、寺中に押し込み、高楼上より鉄砲を放ちかけなどするまでにありしと申す。出家同志の上にて、是のごときの振舞は似合ぬことにて候べきや。

イエズス会の宣教師たちは、一五四九年のザビエル来日から一五八四年にフランシスコ会とアウグスチノ会の宣教師四人が平戸に渡来するまで、三十五年間ものあいだ、日本でのキリシタン布教を独占していた。日本のキリシタン教団は、この間に、規模をほぼ最大限にまで拡大しているといってよい。その後、紆余曲折はあったものの、次々とフランシスコ会やドミニコ会等々の宣教師たちが来日するようになった。

こうした乞食修道会ともいわれる清貧を宗とした精神主義的なスペイン系修道会の宣教師たちと、現実感覚に長けたイエズス会宣教師たちとは、互いに勢力争いを続け、人々の目に留まるかたちで派手な喧嘩口論を繰り広げていたわけである。こうした宣教師たちの姿は、彼らの口にするキリシタンの教えに根本から反するものとして、ハビアンには受け入れ難いものであったであろう。また、長くイエズス会の身内にあったハビアンとしては、宣教師たちのこうした抗争的な姿は、一般の日本人の目にどう写るかということも含め、恥ずかしいことであり、苦々しいことでもあったに相違ない。

ハビアンは、こうした争いの底にあるのは、結局のところ宣教師たちの高慢さであると言う。そしてこの高慢さは、彼らに謙遜さが欠けているというかたちで現れていると言う。自分だけが優れているとして独善的に振舞い、思い上がりから他を軽んじてすぐに口論し喧嘩する、という姿に対する告発である。

日本で大切にされてきた「慎み」の伝統からすると、ヨーロッパの社会的伝統とも見える「自己主張第一」「闘争に勝利することによって真理の実証を」といった基本姿勢は、人間としての低劣さの現れでしかない、とハビアンの目には映ったのではないだろうか。これはまさに現代にも通じる彼我の文化摩擦のポイントである。

日本人に対する蔑視と差別

さらにいえば、こうした宣教師たちの「高慢」が、イエズス会内部の外国人宣教師と日本人会員とのあいだの関係にも如実に現れている、とハビアンは言うのである。

批判3　日本人を蔑視し差別的扱いをする

或問、南蛮人と日本人との挨拶、寺中〔イエズス会内部〕にて何とかある。答云、高慢なる者共なるが故に日本人をば人とも思はず。さるによて日本人もまた是を済まず〔受け入れ難い〕と思ふを以て、真実挨拶のよき事も候はず。その上、日本に住する伴天連、イルマンの育《はごこ》み〔費用を出す事〕をば、南蛮の帝王から続けらるるに、日本人は何としても我が本意に叶ふべからず。向後は日本人を伴天連になすこと勿れとの義にて、皆面白くも存ぜず。この本意に叶べからずと云は、何としたる心持にてあらんと云ふ事は、御推量あるべし。日本をねらうに、国人は何と云ふとも、国のひいきあらんと思ふ故と思召せ。

ここに述べられているように、来日した宣教師のあいだに「ヨーロッパ人を優越する者とし、アジア諸国の人たちを劣等視する」という抜き難い人種差別的偏見が存在し、これが当時の在日イエズス会内部において大きな問題となっていたのである。

日本にキリシタン宗旨を伝え、二年後に中国宣教に向け日本を去ったフランシスコ・ザビエルや、二度にわたって来日し、日本人に適合したキリシタン教団のありかたへの改革を図ったイエズス会巡察使ヴァリニアーノ、さらには京都で長く宣教し人々に慕われたというオルガンチノらは、日本人を高く評価し、尊重する態度を持っていた。

しかし、こうした人たちは少数派であって、多数派の宣教師たちは根強い日本人への不信感と蔑視を持っていたことが知られている。たとえば、第三代布教長として日本のイエズス会の最高指導者を務めたカプラルは、日本人蔑視に基づき、在日イエズス会の内部にヨーロッパ人会員と日本人会員とのあいだの絶対的な上下関係を打ち立てようとしたといわれる。そして、ヴァリニアーノの改革等にもかかわらず、こうした日本人への蔑視と差別を当然視する雰囲気は、ヨーロッパ人宣教師のあいだに最後まで根強く存在したのである。

イエズス会総長の代理である巡察使として一九七九年に第一回目の来日をしたヴァリニアーノは、カプラルの日本人蔑視を基にした運営方針が日本のキリシタン宗門を破滅に導くとして、一九八二年にインドに帰任するまで反対し、改革に努めた。この間、カプラルは、一五八〇年にはヴァリアーノによって日本での指導的立場を奪われ、インドに転じている。ヴァリニアーノは、後になって、一五九五年十一月二十三日付のイエズス会総長宛書簡のなかで、当時のカプラルの方針の具体について、七項目に要約して報告している。ここでは、その内容の一部を、井出勝美の紹介するところに依って見ておくことにしたい。[†2]

一、日本人イルマンの指導に関してバードレ・フランシスコ・カプラルの取ってきた第1の原則は、厳格な鞭と過酷な言葉で統治すべきだとしたことでした。彼らは自尊心強き者なるが故に、彼らを従順にしておくためには、厳格に遇し屈伏させることが必要でした。彼らは常にこの見解に基づいて住院のパードレを指導し、彼自身もそれに基づいて過酷さと激怒で語り、彼らを黒人（ネグロ）や下等な人間と呼び、名誉を傷つけ、その他非礼極まる言葉で彼らを取扱ったのです。彼は、しばしば他の言葉で「所詮、お前たちは日本人なのだ！」と彼らに言うのが常で、彼らが欺瞞に充ちた下等な人間であることを悟らせようとしました。……

二、第二の原則は、彼らをこのように蔑視しておくために、ポルトガル人イルマンとはまったく異なった方法で遇すべきだとしたことでした。したがって、ヨーロッパ人イルマンと同じ服装や帽子を着用することを望まず、食事、睡眠、その他万事につけて異なった方法で遇すべきだとしたのでした。……

三、第三の原則は、日本人が我々の習慣に適応すべきであって、ポルトガル人が彼らの習慣に適応すべきではないとしたことでした。日本人は所詮黒人（ネグロ）であり、きわめて野蛮な習慣を有していたからだと言うのであります。カプラルもまたそのようにふるまったのであります。すなわち、彼は決して日本の風習に適応しなかったし、適応しなければならぬ時の彼の表情は、ポルトガル人のようでも日本人のようでもなかったようにしたからであります。我々の修院（カサ）では、高い食卓で食事を取ることが望まれましたし、テーブル掛けとナプキンを使用すべしとされましたが、貧者の食事のようにきわめて不潔で、提供された食事はヨーロッパ風に牛肉と調理された野菜でした。彼は生来きわめて吝嗇でした。我々の修院（カサ）では、日本人が入念に清潔にする食堂と台所を不潔または乱雑に汚しておくので、日本人に嫌悪され軽蔑されるようになりました。
四、第四の原則は、その結果、外国人は日本の習慣を常に奇異に感じ、それを悪しざまに言ったのでした。私の第一次日本滞在中、我々ヨーロッパ人は（上長も部下も）日本の習慣を学ぼうとする熱意がまったく無いどころか、休憩中その他の機会に彼らと口論し、彼らの習慣よりも我々の習慣のほうが優れていると見なしていました。これは日本人を激怒させ嫌悪させることになったのであります。

カプラルが布教長だった時代は、ハビアンの二十歳代初めの頃であり、未だイエズス会に入会していない頃のことである。しかしながら、それから二十年近く経ってハビアンが脱会棄教する直前の頃においても、日本人イルマンがバードレ（司祭）に昇格する際には大きな壁があるなど、根本的な差別が存在したのであり、事実ハビアンはその有能さにもかかわらず昇格を拒まれているのである。

なお、当時のキリシタン教団において日本人で司祭に叙階された少数の人たちも、イエズス会内部ではすべて単式誓願であって、盛式誓願の扱いをされた者はいなかった（幹部会員への道を閉ざされていた）といわれる。

宣教師の人としての問題

批判4　宣教師たちは無欲でもなく慈悲を基本とするわけでもない

彼らは無欲で慈悲を基本とするような人格高潔の人たちだと言われたりもするが、それは本当なのかというと、必ずしもそうではない、とハビアンは言う。

檀那を貪り、金銀に目のくるること、彼らより初《はじま》りたることにて候。仮令《けりょう》〔たとえていえば〕あの檀那は戒法をもよく守り善人とほむれども、貧者なればそこそこにあしらひ、無信心なる破戒の者と云へども、富る人をば馳走奔走し〔あちこち走り回って世話をして〕、大檀那にても落魄《おちぶ》れたる時は見たるものかともせず。さてまた慈悲にして信施〔信心に基づく施し〕を本とすると云ふも、皆名利の為にして、さりとはと奇特《きどく》〔特に優れて珍しいこと〕がられて門徒をつけん為にすることと思召せ。……

こうした批判は、当時の仏教の僧侶などの場合にも当てはまるものであっただろう。宗教者は多くの場合、世俗の富に対して無欲であることを信徒に勧め、また無償の慈悲を勧めるものであるが、自分がそのとおりに生きているかどうかは別問題である。時には、世俗を捨てたはずの出家者のほうが、世俗的な物質的貪欲さや自己の名声への執着を持つことが少なくない。キリシタンの出家者であるバテレンやイルマンの場合でも同様である、というのがハビアンの印象のようである。現代のキリスト教各派の牧師や神父、修道女の姿を見ても、こうした印象を時に受ける人もいないわけではないように思われるが、如何であろうか。

批判5　宣教師たちでも人によっては邪婬が見られないわけではない

「バテレンは、他のことはさておき、邪婬の道だけはない、といわれているが、どうか」という問いに対して、それは人によってのことだ、とハビアンは言う。つまり邪婬の道に踏み込んでいるバテレンもまったく居ないわけではない、とほのめかすのである。そして、日本ではまだ恥の感覚があるからましであるが、ルソンやメキシコといった海外ではひどい例もあるという噂を聞いているといい、次のように述べる。

日本にてはまだ恥るによて、此等の事も十分が一つと聞こゆ。呂宋《ルソン》、南蛮、ノウバ-イスパニヤ〔メキシコ〕などにては、三冥をさかいたる〔過去・現在・未来にわたっての煩悩に苛まれている〕事と人の語るを承る。別して〔特に〕ケレルゴ〔聖職者〕というバテレンなどは、妻対の〔既婚の〕女に子を持つと申す。……

罪の許しを与え奇蹟を信じる

批判6　コンヒサンという非合理的で危険なことを勧めている

次に挙げる批判は、カトリック＝キリシタンの伝統的な教義として重要なコンヒサン（告解

――改悛の秘跡）のことである。バテレンに向かって自分の犯した罪を告白しさえすれば、その罪がどんなに重大なものであろうと許される、という教えの危険性をここで告発するのである。これはゼス＝キリシトが在生中にペイトロ（＝ペトロ）という第一の弟子に対して「汝が地上で許す科（罪）は天上でも許される」ということで特別に与えた宗教的権限に基づくものであると解説した後で、次のように述べる。

されればコンヒサンの時は他を近づけず、我と伴天連とただ二人相対して、山賊海賊等の義をなし、もしくは父を殺し母を殺す五逆罪、国家を傾けんとの謀反・反逆等の大犯也とも、残らず懺悔するに、伴天連聞て之を赦せば、その罪消滅すると云ふ。さりとては魔法にて候ぞ。国家を覆す程の大逆をも、伴天連聞て赦せば、その罪消滅するぞと教るは、ひとえに科を犯しても苦しからぬ物ぞと弘むるに同前也。これを以て見る時は、伴天連は残賊の棟梁、謀反殺害人の導師とも云つべし。とにもかくにもいやなる宗旨と思召せ。

コンヒサンさえすればどんな大罪でも赦され、その罪が消滅する、などという教えを広めるならば、父母を殺したり、国に対して謀反を企てたりするといった大罪であっても、人々は何の苦もなくおこなうようになるであろう。結局のところこうした教えは大罪を奨励してしまうことになる。とんでもなく危険な教えである、というのがハビアンの批判である。

批判7　奇特・奇瑞を有り難がる非合理的心性は笑うべきである

キリシタンは奇特や奇瑞（不思議な奇蹟的できごと）といった不思議で奇蹟的なできごとを有り難がる。特に殉教をめぐってそうした奇特なことが多く見られるとする。しかしながら本当は、そんなものは存在しない、とハビアンは笑う。そういう奇跡的なものを求める気持ちは、子どもっぽい（童部らしき）こととも言う。そして自分自身の経験を踏まえて次のように言い切る。

我等も十九で出家の後、彼の寺に二十二、三年も修業を経、人の数にもかぞえられて候が、何にても奇特なことは一つも見ず候。またマルチル（殉教）の上にも、何にても奇特を見ず候。

ハビアンの合理主義者らしいところがよく出ているところである。『論語』〔述而第七〕に言う「子、怪力乱神を語らず」の精神に通じるものであろう。

ここに見てきた「批判」は、ハビアンの内面に長年にわたって蓄積されてきた違和感の具体的内容を如実に物語るものといってよいであろう。

キリシタン宗門の内部にあって、外部に対してキリシタンの優れていること正しいことを説いていた時には、こうした思いが頭をよぎったとしても、否認し抑圧し、あるいは合理化して、自分の意識世界から追放してきたことであろうが、いったん宗門の外に出てしまえば、素直にそうした違和感を意識し直し、「批判」として概念化していったものであろう。
キリシタンの宣教師がこれほどまでに人間的な醜さを孕み、またキリシタンの依拠する神話的世界がこれほどまでに非合理的で非理性的なものであったことに、あらためて驚きを感じたのでないか、と想像される。ハビアンが『破提宇子』の冒頭で「一旦豁然として識得するに」と述べていることの内実が、ここからも伺えるように思うのであるが、如何であろうか。

†1 基本的には、『キリシタン書・排邪書』（日本思想体系25）岩波書店、一九七〇年、所載の『破提宇子』に依るが、必要に応じて『南蛮寺興廃記・邪教大意・妙貞問答・破提宇子』（東洋文庫14）平凡社、一九六四年の海老沢有道の現代語訳と解説を参照した。なお、引用では読者の理解を容易にするために〔　〕内に読みや現在の呼びかたなどを入れ、また一部の漢字を仮名に直すなどしている。

†2 井出勝美『キリシタン思想史研究序説』ぺりかん社、一九九五年、九三〜九六頁。

終章　ハビアンに対する毀誉褒貶

――そしてハビアン研究のこれまで

ハビアンという人物については、毀誉褒貶が著しい。キリシタンの側（そして現代のカトリック教会の側）からは、ほとんどの場合、無視であり黙殺である。

キリシタン研究に精力を傾けているカトリックやプロテスタントの学者の著作や論文に、彼のことを取り上げたものも、必ずしも多くない。敢えてハビアンを取り上げたような場合には、彼が最後には反キリシタン教団の立場を鮮明にしたためであろう、あからさまな嘲笑ないし罵倒の対象とされる。その一つの典型が、現代カトリック作家の一人として著名であり、後に文化庁長官も務めた三浦朱門のハビアン評であろう。また、キリシタン研究の第一人者ともいわれる海老沢有道も、ハビアンを結局はキリスト教の表面だけをなぞっただけの非宗教的人間であり、キリシタン教義の宗教的奥義を内面から理解し得なかった彼の棄教は当然のこと、と切って捨てるのである。

しかしながら、そうした宗派性のしがらみの外にいる学者・思想家のハビアン評は、これらとはまったくといってよいほど異なっている。

たとえば自身がプロテスタントのクリスチャンである評論家の山本七平は、ハビアンの思想を真正面からとらえ、日本の伝統的な思想をキリシタン思想との邂逅のなかで独自に開花発現させた思想家として、その意味で「日本教徒」のひとつの典型的ありかたとして高く評価している。

また、ドイツ文学やユダヤ思想の研究家である小岸昭は、外的な強圧の下でも内面の思想を現実的なかたちで守り続けようとするマラーノ（隠れ）精神の現れとして、特に「転びバテレン」フェレイラ（沢野忠庵）の転向後の人生と思想を支えた先達として、ハビアンを見ようとする。

さらには、仏教者であり宗教学者である釈徹宗は、現代的な宗教意識の先駆けとして、特に現代スピリチュアル・ムーブメントに通じるものとしてハビアンの思想を見る、というユニークな視点を提出している。

こうした多様な視点からのハビアン理解のありかたについて、以下に少し具体的なかたちで見ていくことにしよう。

えせインテリという見かた

三浦朱門は、「ファビアン不干斎――あるエセインテリの生涯」という文章（一九六七年）のなかで、ハビアンの生涯を軽蔑の眼をもって描き出す[†1]。そして、日本のインテリのひとつの原形であり、転向者の元祖であるとする。三浦は次のように述べる。

不干斎という人物は長く後世に残るような書物を書いた、と言うのではない。ただ、そのありかたが、日本のインテリの一つの原型となっている点を、私はおもしろいと思う。つまり、不干斎は、最初仏教の僧でありながら、キリシタンの信者になり、修道者となった。そして仏教、儒教、神道を否定する『妙貞問答』という本を書いた。しかし、後にキリシタンをすてて、『破提宇子』という、キリシタンを否定する書物を残した。不干斎は転向者の元祖ではあるまいか。日本人にとって、外来文化はつねに新しく優れたものをもたらしたが、同時にそれは日本の伝統にそむく結果となり、非国民といってののしられる危険を犯さずに近よることはできない（もっとも、非国民という言葉は明治以後のものであろうが）。……〔中略〕……もっともファビアン不干斎は大名にかかえられるような大インテリではなかった。キリスト教を信じていた時代までは、教団によって、生活を保証されていたのである。キリスト教を捨ててからは、どうして暮らしていたかわからない。市井の学者といってしまえばそれまでだが、現代とちがって、インテリの就職口などあまりなかったころのことだし、また、『破提宇子』という本を書いても、それがベストセラーになって、印税で一生くらせる、という時代でもなかったのである。

率直にいって、何とも嫌みな文章である。思想や学問を身過ぎ世過ぎの手段、あるいは立身出世の道具としてしか見ていないようにさえ見える。いずれにせよ、三浦のいうインテリとは、知的な能力によって生活する人のことであり、とりわけ外来の優れた文化と接触する時期に、その学習に努め、日本社会への紹介と普及に努力するもの、ということになる。日本では古来、中国文化との関わりにおいてこうしたインテリが大きな役割を果たしてきたし、また幕末・明治維新以降今日まで、日本のインテリとは、欧米の進んだ文化について学び、それを日本社会に紹介し、普及させるための努力をする存在であったと言う。

しかし、インテリには常に転向の問題がつきまとう。外来の文化にどんなに傾倒し、どんなに一生懸命その理解に努め、どんなに熱意と使命感を持ってその外来のものを説くとしても、自分のなかに必ずしもその深い基盤となるものがあるわけでない。外来のものは自分のなかに育まれている伝統的な感性とは異なった基盤を持つ。言い換えるなら、自分の生い育った社会文化に属する人たちが歴史的経過のなかで形成してきた共有の感性とは異質なものに根差しているのである。だから、いくら一時的に傾倒したとしても、いつかは自分の説いていることと自分のなかの伝統的な感性とのあいだに違和なり亀裂なりを感じざるを得なくなる。このため多くのインテリは、歳を取ってくると、それまでの外来文化礼賛の立場を捨てて、日本回帰を図ることになる、とするのである。

ハビアンの生涯を見てみると、こうした意味でのインテリの典型的な一人として見ていい面があるのは確かである。しかし三浦はなぜ、そこに「えせ」という軽蔑的な形容語をつけるのであろうか。ハビアンは大名に抱えられような当時の大インテリではなかった、という点をまず三浦は挙げる。世俗的な効用としてしか思想や学問を考えない、というのが「えせインテリ」のひとつの特徴であると考えるなら、三浦自身がその特質を見事なまでに暴露している一節ではないだろうか。

三浦はハビアンについて才能の点で必ずしも特別に優れた存在ではなかったとするが、一番大きな「えせ」的特質は、インテリのそもそもの使命である外来文化の理解の点で必ずしも十分でなかった、ということを言いたいようである。つまり、ハビアンのキリスト教理解は、キリスト教神学の元になっているトマス・アキナスや、その底にあるアリストテレスの哲学などを知らず仏教思想的なものに基づくのみであった、と言うわけである。

しかし、ここで見てきたように、ハビアンのキリシタン教義の理解は、仏教思想のみに基づくものではない。ハビアンはコレジオでアリストテレスを初めヨーロッパ的伝統に立つ哲学や神学を学んだ当時の日本人としては例外的な知識人であったことを見落とすことはできない。しかしながら、そのヨーロッパ的な教養の面での深さが三浦の要求する水準までは行っていないという難詰なのかもしれないが、もしもその要求が妥当なものであると仮定しても、当時の事情からして、それは無いものねだりというものであろう。

三浦の論理の文脈から言うなら、せいぜい「二流の知識人」とか「二流のインテリ」といえばいいのであって、「えせ」という侮蔑的形容語を付けたのは、やはり三浦が自分をカトリック教会の正統なメンバー（現代のキリシタン信徒）と位置づけ、当時のキリシタン組織を裏切り、棄教者ないし背教者となったハビアンに対して憎悪の眼を投げかけているからではないだろうか。

三浦の文章の末尾は、次のような表現によって結ばれている。三浦から見れば、ハビアンは、取るに足らないほど卑小で軽薄な「エセインテリ」だった、ということを駄目押し的に表現するものであろう。

言語と文化と人種の障壁は、思想的な意味で塀際に追いつめられていたファビアンに、塀ごしに武器を手わたしてはくれなかった。ファビアンがキリスト教を捨てたのは当然であろう。そもそも最初から、キリスト教信者ではなかったのかもしれない。彼は在来の思想、わけても仏教に対する反逆者であって、キリスト教徒ではなかったのだ。十九歳の時に入信して、四十二、三歳の時に教えをすてた、と考えると、このようなケースは今日でもわが国に見られるのではないだろうか。ハイティーンのころは、左傾したり、西欧の食物、芸術、風俗にあこがれる。やがておとなになるにつれて、伝統的な思想、好みにもどり、四十歳をすぎるとすっかり、保守的になる人々を、私たちは身のまわりに容易に発見できるであろう。こういう日本のエセインテリの先祖であるファビアン不干斎は『破提宇子』一巻を残して、歴史の流れの底に沈んでゆく。彼の晩年を知る人は誰もいない。

非宗教的人間という見かた

海老沢有道は、何度かハビアンの『妙貞問答』と『破提宇子』の内容を原文に近いかたちで紹介した研究者であるが、両書の解説のなかでハビアンを、キリシタン教義の根本について無理解であり、内面的な信仰を持たぬ「非宗教的人間」であると繰り返し批判している。海老沢の代表的なハビアン評を、彼の著作のひとつである『日本キリシタン史』〔一九六六年〕で述べるところから見ておくことにしよう。海老沢は、次のように言う。[†2]

こうしたハビアンが『妙貞問答』を著わしたのち、間もなくキリシタンを棄ててしまうのである。…〔中略〕…その棄教は、当然なさるべくしてなされたと私は考える。と言うのは『妙貞問答』において、神儒論においてはきわめて合理的批判をなした彼ではあったが、仏教論においては、真面目な批判がなく、要する所人間釈迦は人間を救えないという点を力説したにとどまり、他は比喩的言辞の末節枝葉をあげつらい、あるいは即物的に考えて批判し去るというような、宗教信仰の内面性を無視する態度に終始していることは、彼自身が宗教的人間であり得ないことを示すと考えるからである。

さて、こうした海老沢の論断は適切かつ妥当なものといってよいであろうか。確かにこの時期においては、海老沢は『仏法之次第略抜書』を『妙貞問答』の上巻〔後に実物が発見された〕であると想定し、それに基づいてハビアンの仏教理解のありかたを想定した、という弱点はある。しかしそれにしても、これだけ断定的に軽蔑的な評をしてよいのか、である。

『妙貞問答』での仏教批判に関して検討した本書第三章を見ていただけば容易に理解されるように、ハビアンの仏教理解は海老沢のいうような好い加減なものでも浅薄なものでもない。ここでは公平を期すということからも、倫理学者として高名な今井淳が述べるところ〔一九七九年〕を引用しておくことにしたい。[†3]

> 『妙貞問答』は、日本人の手になる最大の護教書として重要な意義を持つことになる。……〔中略〕……まず上巻におけるハビアンの仏教批判の論点をみよう。彼は第一点として、仏教の代表的宇宙観である須弥山説を、西洋の自然科学的宇宙観から論破する。第二には、仏教の尊信する釈迦・阿弥陀・大日の三仏を対象にその伝記をのべ、彼らは「我等ニ替ラヌ人間」で後世救済の資格がなく、仏説の帰結は「空無」を説くにすぎぬと断定する。第三には、仏教各宗の所依の経典と教理の概要にふれて、その所説に反論を加えてゆく。結論的に前述の末尾の文〔上ノ巻二八、仏法の空無を本トセバ皆邪ナル法也ト嫌イ退ケ、……〕のように、仏教思想の本質である「無我」・「空無」という教義が臆断であること、後世を重視する浄土系信仰すらも、「地獄極楽、後世ノ沙汰」については本質的な理解がないことを指摘する。彼の仏教批判は、外国人の宣教師とちがって日本の仏教全体に対するより深い理解があることは、その出自からして当然ではあるが、基本的にはそれは、すでにのべた山口の討論において提起された問題と共通線上にある。

ちなみに、この引用の最後に出てくる「山口の討論」とは、一五五一年、大内義隆が支配していた山口において、ザビエルと共に来日した宣教師コスメ・デ・トレスが、日本語に通じた同行のファン・フェルナンデスの力を借りて、多くの禅宗僧侶や俗人と論争したものであり、その記録はこの二人の書簡のかたちで残されている。[†4]

この折の討論では、「万物の始原であり主宰者であるデウスの存在の有無」「死で終わることのない霊魂の存在の有無」「正義と愛の存在であるデウスが何故に悪の存在を許しているか」「創造者デウスは愛の神であるはずなのに、その存在を一挙に世界中に知らせることなく、従ってこれまで日本では知らされてこなかったのは何故なのか」などであったと言う。

この「山口の討論」と共通線上にあるという今井淳の指摘は、『妙貞問答』における仏教批判がキリシタン側においてそれまで長年積み重ねられてきた見解の系譜を引いているということであり、若い頃禅宗寺院で修業したハビアンによってそれが一層深められたかたちのものになっている、ということである。いずれにせよハビアンの仏教批判は、発想の根本を異にするキリシタンと仏教とのあいだの「討論」として、十分に意味あるものであったといってよい。

さて、海老沢は、先に引用した部分に続けて次のように述べる。

従って『妙貞問答』において肝心のキリシタン教理を説くに当っても、創造主を説くものの、その他の点に関しては、素朴な伝承による説明があるばかりで、デウスのガラサ(恩寵)、キリストのクルスによる救いという宗教的体験からほとばしり出る積極的信仰の把握と証明がなく、神学的にも基本的な三位一体論にすら言及していない。キリストの神性を否定した『破提宇子』の語にも見られるように、彼のキリシタン理解は、いわば口頭禅的なものにすぎなかったようである。そうした彼の信仰的浅薄さは、いわば新思想に触れ、時代の先端を行った流行的心理からの入信で、主体的なものとはならず、結局は客観情勢の変化につれて動揺し、大勢に順応するという方向に走るものであったと考える。即ち情勢がキリシタンに不利になり、迫害期にはいった元和年間にもなると、ハビアンは好機到来とばかりに居丈け高になって反キリシタン書『破提宇子』を発表したのである。しかし、ついに宗教的人間であり得なかった彼は、ここでも同様にほとんどが外面的な、枝葉末節的なことに捉われているのであり、その論法は『妙貞問答』を裏返した如く、それにおいて批判したことを、これにおいては論拠として、さきに主張したことを批判するという有様で、思想的・宗教的発展はまったく見られず、禅儒的な観点から浅薄な論をなしているにすぎない。それがハビアンという信仰的・内面的把握のできなかった人間の限界であると云えよう。

自分自身を、宗教的信仰的に高い存在にある者である、と暗黙のうちに誇示し、「上から目線」で、ハビアンがいかに低次の存在であるかを居丈高に、そして勝手気儘に断罪しているような印象を受けないではない。こうした態度をとるというのは、結局のところ、いったんは「仲間」であったハビアンが結局は「敵の」陣営に与したという憎悪の念からではないだろうか。

これは現在でもよく見られる光景であり、一部の宗教団体や政治団体から、敵対陣営の側に付いたかつての自陣営有力メンバーに対して浴びせ掛けられる悪罵と同様である。公正で理性的な知的営為であるはずの学問的叙述の装いの下にこうした主張をすることは、学者としての自殺行為といわざるをえない。とはいえ、そうした公正公平な立場からの批判を装った悪罵的な攻撃は、今でも一部の宗教団体や政治団体が見せる常套的な行動様式ではあるが。

日本教徒という考えかた

これらに対して山本七平は、自分自身キリスト教徒（プロテスタント）でありながら、自身の宗教的帰属＝宗派意識にとらわれない公平かつ中立的な目でハビアンを見ているといってよい。[†5] 山本七平は『日本教徒』（一九七六年）でも、『受容と排除の軌跡』（一九七八年）でも、バビアンを「その時代最高の知識人である」とする。そしてハビアンを、本書のプロローグでも触れたように、何よりもまず「日本教徒」（日本の伝統的知識人の基本的ありかた）の典型としてとらえるのである。

山本七平は、ハビアンの最初のまとまった仕事である『キリシタン版平家物語』の編述（一五九二年）において、その「日本教徒」としての特質が顕著に現れているとする。この『キリシタン版平家物語』は、南欧から来日した外国人宣教師たちの日本語と日本文化についての読本的な教科書として編まれたものであり、喜一検校が『平家物語』をダイジェストして右馬之亮という聞き手に語る、という形式のものになっている。

ここでは、ハビアン自身が日本文化をどのように把握し、それをどのようなかたちで外国人に伝えたら理解してもらえると考えているか、ということが問題となる。したがって『キリシタン版平家物語』はもともとの『平家物語』とはいくぶん異なったニュアンスのものになっている。

山本七平は次のように述べる。

喜一検校は次のように始めている。「…〔中略〕…まず平家物語の書き初めには、おごりをきわめ、人を人と思わぬような者はやがて滅びたという証拠に、大唐・日本においておごりをきわめた人々の果てた様体をかつ申してから……」と。言うまでもなく、この考えかたは、本来の『平家物語』の冒頭とはまったく違う。……

平家の滅亡を一つの「天然自然」の現象のように扱い、従って「諸行無常」「盛者必衰」「風の前の塵」と見ることは、思考の放棄だから、それこそ「甚だしき迷い」ではないか。滅亡には滅亡の原因があるはずである。ではその原因は何なのか。それは「人をも人と思わぬやうなる者はやがて滅びた」という言葉が示すように、「人をも人と思わぬ」罪をおかした者は「滅び」るというわけである。従って「滅び」の原因はそこにあり、『平家物語』の冒頭は、その証拠を示すために広く大唐・日本において「おごりをきはめた人々の果てた様体」をまず示して、次いで清盛の行跡にと進んでいる。……

「人を人と思わぬ」ことが、そして、そこから出てくる「世を世と思わぬ」ことが、「自然《じねん》〔ナツウラ――人の持つ自然な内的秩序〕」に反することだとハビアンは考えている、とするのである。これを山本七平は「恩＝過分」論を中心として展開する。いずれにせよ「人を人と思わぬ」「世を世と思わぬ」おごり高ぶった気持ちは、独善的な自己絶対視をもたらし、その時その場で自分の気が済むような態度・行動に出てしまうことになる。しかしそれは、周囲の人の共有する内的秩序にも、また自分自身の内面世界の深層にある内的秩序にもそぐわないものにならざるをえない。これが長い目で見れば周囲との調和を破り、その人自身をも内的な破滅へと導く、ということであろう。

山本七平は、立場的に相反する『妙貞問答』と『破提宇子』も、日本教徒としてのハビアンの心の奥に内的原理としての「自然《じねん》（ナトゥラ）」があったと考えるなら、ひとつの必然的発展であったと見る。つまり『妙貞問答』では「自然（ナトゥラ）」に反するものとして神道・儒教・仏教を批判してキリシタンの教えを勧めたのに対し、『破提宇子』ではキリシタンの教えもまた真の「自然（ナトゥラ）」に反するものとして批判したとするのである。ハビアンはこうしたかたちでその時代の主要な宗教思想のすべてを批判して捨て去り、いずれの宗派にも属さない脱宗教的人間（現代日本人の多くと同様の）になったというのが山本七平の見かたである。

これは当を得た見かたといってよいのではないだろうか。我々が外来の思想を学ぶ時、それが宗教的なものであろうと政治的なものであろうと哲学的なものであろうと、我々自身の内面世界の基盤となっているもの（無意識的な伝統的感性）を根拠として、ある意味で換骨奪胎して受容するのが通常である。自分自身で真に納得できるものを求め、自分自身の実感的な土台に立って、自分自身の本音のレベルで理解を深めようとする真摯な態度で外来思想を学ぼうとすればするほど、こうしたことが生じるといってよい。山本七平が「掘り起こし共鳴現象」と呼ぶところは、この意味で興味深い。

もしもそういうことが生ずるとするなら、ハビアンはキリシタン思想に触れてその「自然（ナトゥラ）」の思想に共感し、それを拠り所として日本の諸思想を吟味批判してきたわけであるが、南欧からの宣教師の言動のありかたがまさにその「自然（ナトゥラ）」の教えに相応わないものを持っていることを日常生活を共にするなかで実感し、またキリシタンの教えを学んでいけばいくほど自分自身の内面の実感として不自然なものを感じるようになった、ということであろう。

第二期のキリスト教受容期の末期にあたる明治末から大正にかけて、数多くの知識人が若い頃に傾倒したキリスト教の信仰を捨て、日本回帰を図ったという事実にも、同様の事情が潜んでいたように思われてならない。

山本七平は、外来思想を受入れる場合、古来どの文化圏でも［受容→排除→混淆］という過程をたどったとする。そして、日本におけるキリシタン思想の到来の場合も同様であり、ハビアンの生涯の軌跡は、まさにこのパターンを個人として表わしていると言う。このあたりの基本的な捉えかたについて『受容と排除の軌跡』から少し見ておくことにしよう。

日本の生活の基盤は、まだ文字もない弥生時代から徳川時代の終わりまで、一貫して稲作中心農業であった。従ってこの基本を無視して日本人を考えることはできない。稲作のはじまりは推定できるにすぎないが、……〔中略〕……決して短い歳月でなく、その間に、日本的稲作農業に基づく当然の思想が形成されていたと考えるべきである。そしてその基本はおそらく、日本的自然的秩序に従うことを最上とする一種の自然神話的↓自然法的発想であったと推定される。……〔中略〕……自然的変化の感性的把握に基づく判断であり、この判断に従っていればよく、それが「自然に従っていればよい」という発想を生んで当然であった。当時の人間の生存はこれを基礎としており、その基礎は当然に社会構造と各人の意識構造の基礎であ〔る〕。……

そして仏教、というより三教合一論は、ここに入ってきたのである。それは当然に、この自覚せざる基本的発想を、外来の思想によって再把握させる結果となった。いわば三教合一論の基本的発想である一種の「自然法」的な考えかたの「自然」を、日本のこの、それに人が従わなければ生きていけぬ「風土の秩序＝自然」と同一化することによってこの再把握が成り立ったはずである。……

この原則が一五四九年から約一世紀の間日本に影響を与えたキリシタンにおいて現れても、それは当然のことであったといわねばならない。そして以上の過程（＝〔受容↓排除↓混淆〕）を象徴的に表し、その生涯がまさにこの過程そのものであったのが、不干斎ハビアンという一キリシタンなのである。彼は当時の日本の代表的キリシタンであり、当時の日本人キリシタンで彼以上に深くキリスト教思想に接したものがあったとは思われず、従ってその彼の転向と非常に似た思想的転向を全日本が行って、徳川期という近代日本の基礎へと進んだと思われる。……

山本七平のいう「自然（ナトゥラ）重視」を基盤とした「日本教」、という捉えかたはなかなか魅力的なものである。しかしながら、「日本教」という概念が日本の伝統的な発想なり思想なりの核心を尽くしていると考えるとすれば、そこには大きな無理がある。

まず第一に、日本人は伝統的に「死後の生」を信じ重視してきたといってよい。お盆（盂蘭盆）の時に迎え火をして祖霊を迎え、送り火で祖霊をまた送るとか、親族や祖先の墓参りをして冥福を祈るといった習俗が今でも盛んに見られるが、そこにも「死後の霊」の存在を信じる気持ちが如実に伺われるのではないだろうか。しかしながら、ハビアンの場合には必ずしもそうでない。特に『破提宇子』に見られる最終的な「本音」の部分では、「死後の生」なり「死後の救い」なりを強調してはいない。多分彼自身、「死後の生」を信じていなかったか、あるいは重視していなかったか、ではないだろうか。この点ではむしろ禅宗的あるいは儒教的といってよい。

第二に、日本人は伝統的に「ご先祖さま」を崇拝し供養することを重視してきたといってよい。日本の仏教が「ご先祖さま」の法要を重視する点で、非常に日本的な宗教となっているのもこのためである。しかしながら、ハビアンの場合には必ずしもそうでない。ハピアンは、最後まで、「ご先祖さまの霊的救い」あるいは「御先祖様の成仏」といった先祖供養的なことは語っていないのである。

このように考えるならば、山本七平の「日本教」という概念は、「教」という語が用いられているからといって宗教的な意味で受け取られては誤解を招く恐れが強い。

むしろ日本の優れた知識人の思索を含め、意識するしないに関わらず大前提とされ続けてきた日本の伝統的な発想の仕方を概念化したもの、と言うに留めるべきである。「日本教」というより、日本の精神文化のなかに歴史的に脈打ってきた「自然（じねん）尊重の伝統」、といった大人しい表現に言い換えたほうが良いのではないだろうか。

いずれにせよ、ハビアンの生涯と思想を現代日本人に広く知らせ、強い関心をもたらした思想家として、山本七平は特筆大書されるべき存在である。

マラーノ的知識人の先達

小岸昭は、異端審問所を設置し異端者を見付けては火炙りにするといった中世カトリック教会の強圧の下で自分が先祖伝来のユダヤ教徒であることを表面上隠し、善良なカトリック教徒を装って生きたマラーノと呼ばれる「隠れユダヤ人」の精神構造に大きな関心を抱いてきた。そして日本の場合における、江戸幕府の禁教政策の下で踏み絵を踏んでキリシタン信仰を捨てたように装いながら、内心では伝来の信仰と習俗を維持し続けた「潜伏キリシタン」の精神構造と比較検討する。そして、政治的支配体制が「信教の自由」を認めるようになって、そうした「隠れ」の社会的必然性が消失した後になっても、双方の子孫の中にマラーノ性が見られることを指摘する。

そして積極的な面からいえば、こうしたマラーノ的な精神のありかたこそが、近代の非宗教化された合理的現実的な精神のありかたを生んできたと考える。これを多数の裏づけ資料を添えて論述したのが『隠れユダヤ教徒と隠れキリシタン』〔二〇〇二年〕である。

小岸昭は、日本のキリシタン指導者のなかでマラーノ精神に生きた典型的な人物として、貿易商人として来日しながらイエズス会に入り医師として、また宣教師として活躍したアルメイダと、穴釣りの拷問に屈して「転びバテレン」となった元イエズス会日本準管区長フェレイラ（沢野忠庵）とを挙げて、詳しく論じる。そしてハビアンについて、転向後のフェレイラの生きかたと思想的営為の先達になった人物として高く評価すると同時に、ハビアン自身、マラーノ的特質を色濃く持つ人生を送った人であるとするのである。

「隠れユダヤ教徒」に見られるマラーノ性の具体的内実について、小岸昭は次のように述べる。[†6]

宗教的一元化の政策を敷いたカトリック王国で生き続けるためにユダヤ教徒が取った方法は、追放令下密告者の目を恐れながら、策略を用いて人格を二重にし、現実的・潜在的な被抑圧者の生活を送るというものだった。その結果、スペインおよびポルトガルの隠れユダヤ教徒たちは、歳月の経過とともに、ラビ的ユダヤ教の正統から限りなく外れてゆき、両宗教混淆の独特な「隠れ」の宗教を発展させてきた。そこでは、カトリックと同時にユダヤ教の超越的な神あるいは唯一絶対神の概念は失われてゆき、「宗教的・儀礼的な事柄を含む現世とその実際的な問題」が、一層重視されるようになっていった。マラーノのこのような信仰の歩みこそ、近代人が聖から解放され、非宗教的であることを志向してきた世俗的近代化に沿うものなのであった。……

マラーノ性とかマラーノ的特質とは、しかしながら「マラーノ＝隠れユダヤ教徒」に限定されるものではない。自分自身が「隠れユダヤ教徒」の家系に生まれ、ヨーロッパの伝統的なロゴス中心主義に対する厳しい批判を「ディコンストラクション（解体）」の名の下に提唱した哲学者ジャック・デリダは、小岸昭によれば、「比喩としてのマラーノ」ということで、「支配的文化」を担う権力者側の社会と、それに同化しているように装い、したがって自分が滞在している社会に向かって「否」とはいわずに、完全な帰属への自己同一化を拒み続けている（内的な）「秘密」の世界との二つの世界に生きること、というかたちで一般化していると言う。

こうしたマラーノ的生きかたの意味するのは、「現に生き続ける」ということの最優先であり、自分の内的原理を秘めたかたちで固守しつつも現実世界に対して柔軟に対応することである。ここから、巧妙な折衷と使い分けに対する熟達がもたらされ、多様な社会的アイデンティティを持ち、社会的キャリアを柔軟に切替え続けていく、という人生のありかたが出てくるということになる。

こうした意味で、ハビアン自身もマラーノ的であり、またフェレイラが棄教後マラーノ的後半生を送った際の具体的モデル＝先達となった、と小岸昭は次のように語るのである。

ある時代状況のなかでの棄教は、権力者の強制に屈服した個人の決断としてなされたように見えても、しばしばそれが地位も名もある知識人の場合、棄教した先達の手本からある程度影響を受けていたと思わざるを得ない場合がある。棄教という個人の最も内面的な事件に付いて弁明が試みられている場合はなおさら、棄教・転宗から弁明に至るまでの全体には、そうした先達からの影響がこだましているに違いないのだ。私がここでいおうとしている沢野忠庵の先達とは、不干斎ファビアンという棄教した日本人修道士である。一六〇五年に『妙貞問答』というキリシタン入門書の性格を持つ書物を著しながら、幕府の禁教令公布以前の、一六〇七年から翌年初めにかけてのある日突然、しかし誰からも強制されることなく、みずからの自由意思で棄教し、その十数年後に『破提宇子』(デウスを破る)というキリスト教論破の書物を堂々印刷刊行した異色の人物である。……

修道女とのこのような同棲問題もさることながら、より本質的には、世界システムという権威を笠に着た当時のイエズス会および外国人宣教師との種々の軋轢から、ファビアンは忍従か背教かの選択に追い込まれて、結局後者の道を取ったのであろう。そして十数年の沈黙の後、内部告発の書とも言うべき『破提宇子』を公表するに至る。それは実に堂々たる文体で、たとえば唯一の神の世界創造をめぐるキリスト教側の教説を正確に要約し、然る後に「破シテ云。是何ノ珍シキ事ゾ。諸家イズレノ所ニカ此義ヲ論ゼザル」と道破し、加えて老子・孔子・仏教・神道四教のすべてを持ち出し、キリスト教の「デウス」に対する激しい論駆を展開しているのである。……

こうした先達知識人の棄教と、教条主義に囚われないその合理主義精神、そして奇跡否定の明快な論理が、先の書簡(フェレイラからイエズス会総会長に宛てた一六二一年三月十八日付けの書簡、『破提宇子』のことを報告したもの)に見られた「聖なる法に対する冒涜」への批判から一転して、フェレイラの「胸に強くひびくもの」になっていったのではないか。かくして、不干斎ファビアンの影響下に、クリストヴァン・フェレイラが外国人宣教師のなかで初めて神父にあるまじき棄教を選択したばかりでなく、その弁明の書『顕偽録』までも書くに至った道筋が明らかになってくるように思われる。……

小岸昭のハビアンのマラーノ性の指摘は、首肯できる重要なものである。特にハビアンが棄教する以前、彼がキリシタンの側の理論的指導者として振る舞っていた時期においてさえ、少なくともその後半においては、実際には「隠れ日本教徒」ではなかったか、と思われてならないのである。

ハビアンはある時期、みずからの内的自然とそれに基づく合理的判断を大事にする（山本七平のいう）「日本教徒」であることにみずから目覚め、キリシタンの教えに違和感を持ち、徐々に自分自身を本当はキリシタンではないとする独自の内的アイデンティティを持ちつつ、キリシタン教団に属していたのではないか、そうした二重に引き裂かれた世界を抱えつつ、キリシタンの指導者として振る舞い、人々に向かってキリシタンの教えを説き、その論理をもって敵対者と論争してきたのではないか、と考えられるのである。

そして林羅山との論争の際、たとえば「霊魂の不滅」の問題をめぐって、そうした「隠れ日本教徒」性が一部露呈したのではないか、と見ることができるのである。ハビアンはイエズス会＝キリシタン教団から離脱する事によって、自分自身の生きる二重に引き裂かれた世界のありかたを清算し、それまで秘めていた「非キリシタン」という内的アイデンティティを外的社会的にカミングアウトして、晴れて「江湖の野子」として、彼が長年隠し通してきた「日本教徒」の立場に「帰正」した、と見てよいのではないだろうか。

我々が出会う現代日本のカトリック聖職者のなかにも、こうした「隠れ」の姿を時に垣間見ることがある、という事実をここで合せ述べておくことにしたい。日本人神父のなかで、特に真摯で求道的な方々のなかに、時に、「奇跡を信じるなど邪道だ」「霊魂の不滅など自分が死んでみなくては分からない」と漏らす人が居ないではない。もちろん、日曜日のミサの説教などにおいては、カトリック教会の聖職者としての外的アイデンティティに忠実に、カトリックの公的立場を説くばかりなのであるが。

また、外国人宣教師として日本の大学の教師などをしている人のなかに、「自分はカトリック信徒を増やす布教活動をかなり前からやらないことにしている、それはカトリックの公的立場のなかに非理性的で反人間的な部分があり、誰かをカトリック信徒にすることによってその人を不幸な人生に導くことになるから」と漏らす人も居ないではない。これらは、まさに「隠れ」の姿である。私自身の見かたからすれば、〈第二バチカン公会議〉で強調された「イエスのメッセージ」そのものに立ち返れば、そうした「隠れ」の状態はかなりの程度まで解消するのではないか、とも思われないではないのであるが……。

いずれにせよ、小岸昭のこだわる「マラーノ（隠れ）」というありかたは、カトリック世界だけに関わるものでなく、あらゆる宗教宗派に関して見られるところである。身過ぎ世過ぎのためにその宗教宗派の指導者（聖職者）をやっているのではないか、外的に説くところと内的に信ずるところとが違うのでは、と思わざるを得ない人たちの存在は、必ずしも珍しいものでない。もちろんこうした姿は宗教分野だけに限定されることなく、あらゆる思想的社会的運動の指導的立場にある人について、その外的言動と内的世界（その人にとっての内的真実）との関係を見て行く際に、問われざるを得ない視点であるが。

現代的宗教意識の先駆者

ハビアンについて総合的に論じた最も最近の労作は、釈徹宗の『不干斎ハビアン――神も仏も捨てた宗教者』〔二〇〇九年〕である。[†7] 彼はハビアンを「自分をキープしたまま各宗教を活用する、宗教的個人主義者」であるとする。そしてこうした姿勢は、現代スピリチュアル・ムーブメントに見られるところと同様であるとする。これもまたユニークな視点として興味深いものである。釈徹宗は次のように述べる。

ハビアンに見られる特徴的な傾向、あえて類似性が高いものを挙げるとしたら、それは現代社会に見られる「宗教の個人化」「個人の宗教化」だろう。「宗教団体の信者になったりする気はないが、宗教性を渇望する」、あるいは「さまざまな宗教から自分にとって必要な情報を抽出して個人的に構築する」、そのような形態である。これをアメリカ人の宗教学者ロバート・ベラーは「宗教的個人主義（religiousindividualism）」、あるいは「個人宗教（individualreligion）と呼んでいる。……

精神性や価値体系の混乱期において、ハビアンは「自分をキープしたまま、各宗教を活用する」「みずからの知的好奇心を満たしてくれる宗教情報にコミットする」といった態度を貫いた。このようなハビアンの態度は、まさに宗教的個人主義である。……

ハビアンの宗教性は「日本人特有の宗教性」ではなく、古今東西を通じて見られる「あるタイプの人格」なのである。そしてこのタイプの人は、現在、激増しているのだ。

ここでいわれている「自分をキープしたまま」という見かたは、非常に重要な指摘ではないだろうか。親鸞の思想に色濃く見られるような「生かされて生きる」「催されておこなう」といった「主我意識の放棄」「他力への絶対信頼」は、ハビアンのどこにも見られない。道元が『正法眼蔵』の「現成公案」の巻で説くような「自己をならふといふは自己をわするるなり、自己をわするるといふは万法に証せらるるなり」といった「大我覚醒」の趣も、ハビアンに一切見られない。ハビアンは、現代の大方の日本人と同様、あるいは各国の現代知識人と同様、「自分は……」「自分が……」といった主我意識を中心とした意識世界を生涯持ち続けてきたように見える。まさに「自分をキープしたまま」なのである。

イエスの基本メッセージが「野の花を、飛ぶ鳥を見よ！」といった「生かされている私」への目覚めであり、その意味での「主我意識の放棄」であり、「神の子」という自覚を持つことによる「大我覚醒」への誘いであったと考えるなら、ハビアンはこの点でもイエス自身のメッセージとは根本のところで無縁であったといわなければならない。もちろん、当時のキリシタンも、現代のクリスチャンも、その多くは、イエスのこうした基本メッセージとは無縁なまま、といってよいのであるが……。

もうひとつ、釈徹宗の指摘するところで重要なのは、キリシタンが「真理」を独占的に専有すると主張することにハビアンが異議を唱えている、という点である。この問題について釈徹宗は次のように述べる。

『破提宇子』においては、「宗教」より「メタ宗教」的世界に重心を置いて語っている。どの宗教にも共通する宗教的真実があるという裏づけがあるからこそ、神も来世も決してキリシタンの専売特許ではないことをハビアンは述べたのである。ハビアンのキリシタン批判におけるひとつの骨子は「どの宗教も真実を語っているのに、キリシタンはまるで我一人が正しいといった独善的で傲慢な態度である」といったものであった。唯一絶対性を主張して、独善的で傲慢で排他的な傾向を持つ教団宗教よりも、多元的な宗教性を高く評価している。これも現代におけるスピリチュアル論とパラレルである。

「自分の教団だけに絶対的真理が保有されている」という自己絶対視の大前提は、カトリックを初めとするキリスト教だけでなく、ユダヤ教にもイスラム教にも色濃く見られるところである。だからこそ長い歴史のあいだに互いを不倶戴天の敵とする宗教間の戦争が、十字軍や、カトリックとプロテスタントの戦い等々、何度も起きてきたのである。現代のイスラム原理主義団体による欧米キリスト教国への、あるいは自国内のキリスト教徒へのテロ攻撃にも、そうした背景がある。だからこそ、人類社会から宗教を追放し「世俗社会」を実現しないと真の平和はもたらせない、と考える人も少なくはない。

いずれにせよ、自己絶対視を前提とした宗教が社会に広まれば広まるほど、人々のあいだの深刻な対立抗争の危険が大きくなるのは火を見るより明らかである。当時のキリシタン宣教師が「魂の征服」を目指して布教していたこともまたよく知られている事実であり、この姿勢のなかには、諸宗教の共存共栄といった発想なり感覚なりは一切見られない。

しかしながら日本の伝統的な精神風土は、そうした自己絶対視の姿勢を嫌うところに、ひとつの大きな特徴を持つ。たとえば聖徳太子は、七世紀の冒頭に「憲法十七条」を定め、「和」を強調したが、そこでは次のように言う。[†8]

我必ずしも聖《さか》しきに非ず。彼必ずしも愚《おろ》かに非ず。共にこれ凡夫であるのみ。是非の理《ことわり》、たれかよく定むべけんや。相共に賢しく愚かなること鐶《みみかね》の端なきがごとし。［第十条の後半］

こうした精神風土が強固にあるからこそ、日本では非常に早い時期から、本地垂迹説や三王一実神道、両部神道などの神仏習合思想が根強く拡がっていたといってよい。また、先にも紹介した「分けのぼる麓の道は多けれど同じ雲井の月を見るかな」といった古歌が伝えられているように、どのような宗旨から入っていこうと、修業を重ねていけば同じ真理を望見する地点にまで達することが出来る、という考えかたが有力である。

日本の伝統的な発想では、互いに違いを言い立てるのではなく、共通の土台となっているところを探そうという「小異を捨てて大同につく」ということなのである。一方で、これと正反対の感覚を持つのが伝統的なキリスト教（当然のこととしてキリシタンの場合も）であったといってよい。常に「正」は我が方にあり、他はすべて「邪」なのである。

しかしながら現代のカトリック教会は、本書のプロローグでも触れたように、一九六〇年代初頭の〈第二バチカン公会議〉において、こうした独善的自己絶対視の姿勢を放棄する、あるいは緩和する、という画期的な公式見解を宣言していることを見落としてはならない。

この見解に立って現代のカトリック教会は、プロテスタントやギリシャ正教との「対話」を進め、またユダヤ教やイスラム教などとの「対話」を進めようという姿勢をとっているのである。あらためて言うまでもなく、自己絶対視を前提とした「対話」など本来あり得ない。自己絶対視を前提とするなら、「対話」という仮面をかぶった「戦い」か、好機到来を待つあいだの「暫定的休戦の話し合い」でしかないのである。

釈徹宗の論は、ハビアンの思想の大事な特質を、スピリチュアル・ムーブメントを中心とした現代の思想潮流を援用して浮き彫りにするという点で興味深い。ただし彼は、現代のスピリチュアル・ムーブメントなどをとりあげたのは「ハビアンの宗教性を浮かび上がらせるためのツール」であるといい、「現代のスピリチュアル・ムーブメントの領域は医療・教育からオカルトにいたるまで広大なフィールドをもっているので、恣意的に共通項を挙げることは容易」であり、したがって「まともな対比比較とはいえない」「まともな比較宗教論としては成り立たない」と言う。つまり、こうした比較は本質的な意味を持つものでなく、あくまでもハビアン理解のための戦略的なものであると付言するのである。

ファビアン研究の軌跡

ここで見てきたハビアンの姿のいずれが真に近いものであるかについては、読者の方々もいろいろ考えてみていただきたい。その際に参考となるのが、ハビアンの思想や人物像についてのこれまで積み重ねられてきた研究の足跡であろう。以下に簡単にハビアン研究の概略を述べておくことにしたい。

ハビアンに着目し、その生涯と思想を研究しようという機運は、大正時代になってからのものである。

一九一七年〔大正六年〕、『妙貞問答』の中・下巻が伊勢の神宮文庫で発見され、翌一九一八年に坂本広太郎が『史学雑誌』〔二九巻二号〕に「妙貞問答及びその著者について」を発表して学界に知られた。一九二六年には村岡典嗣が「妙貞問答の吉利支丹文献として有する意義」〔『吉利支丹文学抄』改造社〕を公にし、ハビアンの合理的批判的精神を高く評価している。

同じ一九二六年には、新村出が『南蛮広記』〔岩波書店〕を刊行し、キリシタン版の『平家物語』と『伊曽保物語』がハビアンの編纂によるものであること、また『破提宇子』もハビアンの著作であることを初めて主張している。本書で新村出は、ハビアンが『破提宇子』の著者名として自分の俗名ないし正式の姓名でなく、キリシタンのイルマンであった時のクリスチャンネームをそのまま用いて、序には「好庵」、巻末には「ハピアン」と記していることから、本心から棄教したのではないのではないか、としている。ハビアンは、迫害が強くなっていくなかでキリシタンの教えを人々のあいだに残すため、反キリシタンを偽装する文書を公にし、そのなかでキリシタン教義を説いたのではないか、と考えたのである。

これに続いて柿崎正治が、一九三〇年に『切支丹伝道の興廃』〔同文館〕と『切支丹迫害史中の人物事跡』〔同文館〕を公刊し、そのなかでハビアンについても論じている。特に『切支丹迫害史中の人物事跡』においては、ハビアンが外部からの圧迫がないのになぜ棄教したのかについて、現在でも説得力を持つ次のような指摘をおこなっている〔括弧内は筆者〕。

然らば、真に信仰問題から「一旦豁然として」悟ったがゆえに棄教したかと云へば、どうもそれは修辞であって、何か具体的の事情があったと考へたい。而して、その事情らしく見える記事が『破提宇子』のなかにある。即ち、その末に、外国人バァドレ〔宣教師〕等の高慢であることを、いかにもにくにくしげに述べて、尚曰く、

「日本に住する伴天連、イルマンのはごくみ〔指導〕をば、南蛮の帝王よりつけらるゝに、日本人は何としても、我が本意に叶ふべからず、向後は日本人を伴天連になすこと勿れとの義にて、皆な面白くも存せず。」

此が本音だと推測してよかるべく、皆々は別として、ハビアンが「面白く存ぜ」なかっただけは慥かで、而してその不平は、永くイルマンの儘でゐてバァドレになれないという点にあることも、殆ど明確である。……

ハビアンにとっては、初に師と仰いだ人々は居なくなって、自分は京の教会での長者であった。然るに、そこへ新来の教師、自分と同年配のスピノラが来て、会計と共に教務を支配する、ハビアンは従属の位置に立つ。然し、ハビアンは事実、京の教会で殆ど柱石として重要な位置を占め、儒者仏者に対する応接掛であり、又内部では異宗研究の指導者であった。それをいつまでもイルマンにしておいたのは、確に教会の手落ちであった。……

なお、ハビアンの主要著作も原文に近いかたちで次々に公刊される。

一九三〇年には、鷲尾順慶の編で『日本思想闘諍史料　第十巻』と題した史料集が公刊され、『破提宇子』『妙貞問答』などが収録されている。この史料集では各文献が収録されているのみであって、解説も紹介も批判もない。なおこの史料集は、一九六九年に名著刊行会から復刻公

刊されている。

戦後になると、ハビアンの生涯とその思想について詳細な学問的検討を加えた研究が出てくる。特に、ハビアンの主要な著作である『妙貞問答』と『破提宇子』が多くの人の目に容易に触れうるようになったことは重要である。

一九六四年には、親しみ易いかたちで、海老沢有道編訳の『南蛮寺興廃記・邪教大意・妙貞問答・破提宇子』(東洋文庫、平凡社)が公刊されている。この本はキリシタン関係の邦文文献四編を選んで現代日本語に訳したものである。各文献ごとに解説が付けられており、当然のことながらハビアンについても論じられている。また一九七〇年には、海老沢有道・チースリスク・土井忠生・大塚光信の編になる『キリシタン書・排耶書』(日本思想体系25、岩波書店)が公刊されている。こちらは原文に近い読み下し文のかたちで、『妙貞問答』(中・下巻)、『破提宇子』と林道春の『排耶蘇』が収録され、詳細な注釈が付けられている。また巻末の解説も詳細なものである。

ハビアンの生涯と思想のありかたについての論文は、ここで取り上げた四人の著作を含め、重要なものが少なくない。特にチースリスクの「ファビアン不干伝ノート」(『キリシタン文化研究会会報』一五ノ三、一九七二年)は後進の研究者に大きな影響を与えたものである。また唯物論の立場に立つ哲学者として著名な三枝博音は、一九七三年に『西欧化日本の研究』(中央公論社)を公刊し、その「日本人の宗教」の章においてハビアンを取りあげて論じている。その後の大きくまとまった研究としては、一九八一年に公刊された坂元正義の『日本キリシタンの聖と俗』(名著刊行会）があり、ハビアンの生涯と思想について詳しく論じられている。さらには、井出勝美が永年の研究成果をまとめた『キリシタン思想史研究序説』（ぺりかん社）を一九九五年に公刊しているが、これも大きな影響力を持つ研究業績であり、ここでは約百頁を費やしてハビアンの生涯と『妙貞問答』が詳しく論じられている。

キリシタン研究については、ハビアンへの関心も含め、時代的な波がある。特に最近になって、社会的にも学問的にも関心が少し薄れているのではないか、というのが率直な印象である。しかしながら、日本とヨーロッパという異質の文化が本格的にぶつかりあった最初の機会としてのキリシタン時代の研究は、そして、その時期における両文化の葛藤のひとつの象徴的な人物としてのハビアンの研究は、今後においても重要な課題として大きく取り上げられてしかるべきものではないだろうか。

†1　三浦朱門「ファビアン不干斎――あるエセインテリの生涯」遠藤周作・三浦朱門『キリシタン時代の知識人――背教と殉教』（日経新書）日本経済新聞社、一九六七年、八五～一一四頁。

†2　海老沢有道『日本キリシタン史』（塙選書）塙書房、一九六六年、二〇二～二〇四頁。

†3　今井淳「儒教・仏教とキリスト教の論争」今井淳・小澤富夫編『日本思想論争史』ぺりかん社、一九七九年、一二〇一四八（特に一三一～一三三）頁。

†4　シュールハマー『山口の討論――一五五一年イエズス会士コスメ・デ・トレスと仏教徒との』神尾庄治訳、新生社、一九六四年。

†5　イザヤ・ベンダサン『日本教徒』山本七平訳編、角川書店、一九七六年。山本七平『受容と排除の軌跡』主婦の友社、一九七八年。

†6　小岸昭『隠れユダヤ教徒と隠れキリシタン』人文書院、二〇〇二年、一六二～一六六頁。

†7　釈徹宗『不干斎ハビアン――神も仏も棄てた宗教者』新潮社、二〇〇九年。

†8　『聖徳太子集』（日本思想体系）岩波書店、一九七五年。

エピローグ——大航海時代における

キリスト教的グローバリゼーションと日本人

日本社会にとって、あるいは日本人にとって、十六世紀中頃から十七世紀初頭にかけてのキリシタン伝来とは、結局のところ、どのような意味をもつ出来事だったのであろうか。言い換えるなら、当時の日本社会に対しておこなわれたキリシタン宣教とは、本質的にはいったい何だったのであろうか。大航海時代という国際状況のなかで、ポルトガルやスペインの貿易利権の獲得、あわよくば中国や日本の植民地化、といった海外進出の先兵的役割を担うものだったのではないか、という政治的軍事的な見かたももちろんないわけでない。しかし、宗教的あるいは文化的な面を中心として考えた場合、当時のキリシタン宣教の意味は何であったのであろうか。このことは、現代の日本社会におけるキリスト教の意味を問い直すことにも繋ってこざるをえない。

南ヨーロッパ的キリスト教習俗

宣教師たちの展開した布教活動は、少なくとも彼等の側の主観からいえば、当時の日本社会にキリスト教の保持する「真理」を伝え、それに依って生きる信徒を創出し、増やしていくための活動であったことは確かである。しかし「真理」といっても、それは宣教師たちが「真理」だと考えていた世界観や神概念のことでしかない。したがって、宣教師たちの主観を離れて見た場合、端的にいって、それは当時のスペインやポルトガル、イタリア等の南ヨーロッパ諸国と同様の世界観と習俗をもつ社会を日本に創り出そうということであったといってもよい。

事実、短期間ながらイエズス会領となっていた長崎や、「キリシタン大名」の領国の多くでは、旧来の寺院は破却されるか放棄され、その代わりに街の要所要所には大きな十字架が立ち、祭礼の日には美々しい祭服を着たパードレが先頭に立った南ヨーロッパ風の宗教的行列が練り歩き、復活祭の前の四旬節の折などには、鞭で自分の身体を打つ苦行が人々のあいだにおこなわれ、少人数で集まってロザリオの祈りをする組が町々に組織され……といった状況が現出していたのである。

さらにいえば、弾圧が始まってからは、ごく一部ではあるが、競って殉教を願うという情景が見られ、また殉教者の遺物を聖なるものとして崇め大切に保持するという姿も見られた。これは当時の日本社会では奇異に見えたラテン的な習俗である。こうした風景も、南ヨーロッパ的な精神文化と生活様式の直接的な導入としてみれば、当然至極のものであったであろう。

いずれにせよ、宣教師たちの側の主観的な願望にしても、普遍的な意味において〝一人ひとりの魂の救い〟をもたらすということ以上に、彼等の頭のなかに存在した「キリスト教的共同体」を当時の日本社会に創りあげる、というものだったと考えてよい。キリシタンとしての生活の仕方や掟について強く言われ、洗礼というイニシエーション（加入儀礼）は大事にされていたにもかかわらず、イエス的な意味でのメタノイア（心のありかたの根本的変革＝精神的人間革命）ないしコンバージョン（回心）はほとんど強調されていない。端的に言うならば、宣教師たちにとっての「普遍的なもの」とは、当時の南ヨーロッパの人々のあいだで普遍的と考えられていたもの、という通俗的水準の域を出ていなかったのである。

ここでの問題は、結局のところ、南ヨーロッパ的な社会のありかたを世界各地に広げていくという大航海時代の「普遍社会化」（グローバリゼィション）の一環としての宣教活動であったのか、キリストと呼ばれたイエスのメッセージとの出会いを日本社会にもたらすことによって真に目覚めた人間が日本にも輩出することを目指す、といった深い宗教性をもつ宣教活動であったのか、ということである。

もしも後者であるとするならば、非ヨーロッパ型の日本的な習慣や習俗はそのまま尊重されるということにも繋るであろうから、当時のキリシタン宣教師たちが日本的な習慣や習俗をどこまで大事にしようとしたかということも、ここで合わせて問われることになるであろう。

日本社会に対するキリシタン宣教は、「当時の南ヨーロッパの世界観と習俗への転換こそが人類普遍の価値をもつ」というエスノセントリック（自民族中心主義）で独善的な文化侵略の面を強く持っていた。文化多元主義的な発想や感覚の欠如は、当時の事情としては仕方のないことであったとしても、である。もちろん宣教師個々人によって、この点についての濃淡やニュアンスはかなり異なっていた。

たとえばフランシスコ・ザベリオやバリニャーノらの場合には、日本の習慣や習俗を尊重し、宣教師たちにまで日本的な生活様式をさせるなどの試みをおこなっていた。こうした宣教師の場合などは、単なる南ヨーロッパ的共同体の創出にはとどまらない普遍的意味での〝魂の救い〟を目指す志向が見られたといってよい。しかしこうした宣教師は、ごく少数でしかなかったこともまた事実である。

いずれにせよ、当時の仏教界等からのキリシタン排撃の動きも、またハビアンをはじめとする数多くの自発的棄教の背景にあるものも、基本的には「文化侵略への反発」という面から理解すべき点がないわけでない。また、キリシタン宣教の思想的影響が後々の日本社会にほとんど何らの痕跡も残さなかったのも、現在の目で見るならば、こうした独善的な文化侵略の面が強かったからであると断言してよいのではないだろうか。

キリシタン信仰の具体的内容の再確認

キリシタン宣教の具体的内容、言い換えるなら当時のキリシタンは何を信じ、どのような信仰生活を送っていたかを考えていくうえでの基本資料として、幾つかの文献が残されている。

本書の諸章ですでに触れてきたところであるが、まず取り上げるべき資料は、キリシタンの信仰について、宣教師たちが述べ伝えてきたところを示すものであろう。この典型は当時の宣教主体であるイエズス会が印刷刊行したキリシタンの基本教義（公教要理）の解説本『ドチリナ・キリシタン』（一五九一年刊行の天正版、一六〇〇年刊行の慶長版、いずれも国字本とローマ字本とがある）である。[†1]またハビアンが、キリシタン入門者のために仏教・神道・儒教を批判し、キリシタン教義を唱導した『妙貞問答』（一六〇五年）も、既に見てきたように、この意味において重要な資料である。

もう一つ、キリシタンに反対の立場をとる人たちがキリシタンの宣教や信仰の何を取り上げて批判していたか、ということを示すものも見過ごすことはできない。林羅山がハビアンとのあいだで一六〇六年におこなった論争の経過を記した『排耶蘇』、またハビアンが棄教後、最晩年に著した『破提宇子』（一六二〇年）、島原の乱の後で禅僧鈴木正三が著して天草地方に頒布した『破吉利支丹』（一六四二年頃）などである。

『ドチリナ・キリシタン』の語るもの

『ドチリナ・キリシタン』の天正版国字本を見てみると、その初めに「デウスの御光を蒙りキリシタンになる」上で第一に肝要な題目として、次の五点が挙げられている〔現代語に直して要約するが、関心のある方は原文を当たっていただきたい。なお〔 〕内は筆者による要約〕。

（1）無からすべてを創造し、万物を自分の思うがままに動かし、善と徳の源であり、全知全能であり、自由自在である御主デウス御一体が存在する。〔唯一絶対の創造主の存在〕

（2）我々の現世と後世（死後）のことは御主デウスの計らいのままであり、善悪の返報を正しく与えてくださるから、この御主を拝み尊まないでは後世の救いに与ることは出来ない。〔来世の救い〕

（3）御主デウスは父・子・聖霊の三つのペルソナを持たれるが、ススタンシヤ（実体）としては御一体である。〔三位一体〕

（4）子であるデウスはすべての人間の罪を償い、後世の救いへの道を教えるために天下られ、人間として我々と同じように霊と身体を受けられ、純潔なマリアから真の人間として生まれ、最後は十字架に掛けられて、人間としては死去された。〔子である神の受肉〕

（5）後世の救いはキリシタンの教えに従った時だけ可能であり、キリシタンにならなければ後世の救いはない。〔来生の救いへの唯一の道〕

ここから容易に見てとれるのは、唯一絶対の神が存在するというコスモロジーの強調であり、このコスモロジーを受入れることが来世の救いを保証する、という論理である。キリシタンが殉教者を聖人として敬い、みずからも殉教による死を願い求める、という心性も、こうした来生の救いの強調と深く関係するものであろう。後で見るように、こうした点はイエス自身が力説した教えとは本来無縁のものといってよい。

『ドチリナ・キリシタン』では、前述の五項目に加えて、バウチズモ（洗礼）やコンヒサン（告白）のこと、十字の印を切る際のラテン語での祈り、パアテルノステル（主の祈り）やアベマリア（天使祝詞）などの基本的な祈り、ロザリオの祈り、ケレド（使徒信経）などが解説されている。また、デウスの御掟である十のマンダメント（モーゼの十戒）、教会の掟としてのミサ・斎日などのこと、コンヒサンの仕方、七つの大罪（高慢・貪欲・邪淫・瞋恚・貪食・嫉妬・懈怠）のこと、教会の七つの秘跡（洗礼・堅信・聖体・改悛・叙品・婚姻・終油）のこと、一四の慈悲の行為（飢えたる者に食を与えること・病人と牢者をいたわり見舞うこと・人の死骸を納むること・悲しみある人の心を宥めること・恥辱を受けても許すこと、など）のことなどが述べられている。これらはいずれもキリシタンとしての信心生活のありかたを説いたものであり、「習俗」の宗教、「信」の宗教としての伝道であって、「覚」の宗教としての伝道ではなかった、という当時のキリシタン宣教の基本性格を如実に示すものといえよう。

キリシタンの信仰の基本的項目

こうした諸資料を検討してみると、当時のキリシタン信仰の中核には、次のような点が濃厚に存在することを確認できるのではないだろうか。

（1）世界の創造主である唯一の神デウスが存在する。このデウスに対してこそ忠誠を尽くすべきであって、他の何者をも本当の主人にしてはいけない。

（2）デウスから与えられた掟（一〇のコマンドメント＝十戒）を守り、教えられた祈り（オラショ）を唱え、敬虔な生活をしなくてはならない。

（3）デウスを信じ、その掟を守る者は、死後パライソ（天国）に行くことができる。

（4）ゼス・キリストはデウスの子であって、十字架に掛けられて死ぬことで人々を救われた（解脱＝奴の身分から自由にされた）我らの御主である。

（5）サンタ・マリアはゼス・キリストの母であり、サンタ・マリアに対して願い事をすれば何事でも叶えられる。

（6）自分が犯した罪（掟への背き）は、教えられた祈り（オラショ）を唱えることによって、また重大な罪はパードレによる告白の秘跡（コンヒサンのサクラメント）によって許される。

（7）デウスを信じ、キリシタンになろうとするものは、パードレやイルマンから、あるいはキリシタンのなかで特別に役を授かっている者から、洗礼（バウチスモ）を受けなくてはならない。

こうした諸点は、当時のスペイン・ポルトガル・イタリア等南ヨーロッパにおけるカトリック信仰の中身とほぼ同様のものである。ただ、仏教や神道を中心としたまったく異質の宗教意識を持っていた当時の日本人に対して新しい宗教を説くという事情からして、日本のキリシタンならではの濃淡が一部に見られないではない。

たとえば、創造主としての唯一の神デウスが存在することを何よりもまず強調する点である。さらには、本来キリシタン（キリスト教）の原点であるはずのゼス・キリスト（イエス）の教えの具体的内容が、キリシタン信徒の意識のなかにほとんど見られない点なども、当時の日本のキリシタンの持っていた信仰の特質であろう。民衆の側からいえば、当時のキリシタン信仰の核心は「死後の救い」であり、従来の仏教や神道と比べてその点での有効性があるかどうか、ということが入信のポイントになっていたことも念頭に置かなくてはならない。

先述の七点の信仰箇条が示しているのは、少なくともイエス自身が説こうとした宗教ではないということである。（1）と（2）の〈唯一の神デウス〉を中心とした信仰は、モーゼに由来するユダヤ教の中核となるものであるし、（4）の〈十字架上の死による人類の救い主イエス〉という意味づけは、パウロを中心に創られた初代教会のものである。そして何よりも、イエスが繰り返し強調したメッセージには（3）のような〈死後の救い〉が説かれているわけではない。他の諸点も皆、キリスト教の長い歴史のなかで各地の文化的事情を踏まえて形成されてきたものであって、イエスの元来のメッセージとは無縁のものであるといってよい。

もちろん、キリシタンの信仰内容がイエスのメッセージと無縁であろうとどうであろうと、そのこと自体はそう問題にしなくてもいいことかもしれない。なにしろ、当時の南ヨーロッパのキリスト教自体が（いやキリスト教という存在そのものが）、イエスのメッセージとの関わりが希薄であった、という見かたも可能だからである。つまり、イエスという存在（の意味づけ）

への信仰であっても、イエスの説いたところへの信従ではなかったのである。

ただ、イエスのメッセージがきわめて実存的なレベルに関わるもの（神の国の訪れを前にして、与えられた命をいかに生きるべきか）であったにもかかわらず、そうした実存的深みの面を欠いていたがために、豊臣秀吉と徳川家康の禁教令によって、さらには家光の時代の大弾圧によって、日本のキリシタンは思想的にその息の根を止められてしまう、という結果になったのではないかとも考えられるのである。

モーゼ教・パウロ教・イエス教

こうした点について、もう少し詳しく概念的区別を試みてみることにしよう。キリスト教には、基本的に、モーゼ教・パウロ教・イエス教とでも呼ぶべき三つの基盤があり、そういう精神的伝統が相まって当時のキリシタンの信仰に、そして現在のカトリックの信仰になっているといってよい。

（1）モーゼ教的伝統　ここでモーゼ教と呼ぶ精神的伝統の核心は、「律法」である。これは、旧約聖書に語られるイスラエル民族の伝説的指導者モーゼが、神と民族とのあいだの契約を結んで絶対的守護者にすると同時に、民族の側で守るべき絶対的義務として「十戒」を授けられた、という故事に因むものである。ここでは、唯一絶対の神である創造主が存在し、すべてを主宰している、というコスモロジー（世界観宇宙観）が強調され、その絶対的神との契約に基づいて人はみずからの生活を細部に至るまで律すべきである、とされる。より具体的には、旧約聖書に、神がモーゼに語った言葉として、

私はあなたの主である。私をおいて他に神があってはならない。……私を否む者には、父祖の罪を子孫に三代、四代までも問うが、私を愛し、私の戒めを守る者には、幾千代にも及ぶ慈しみを与える。〔創世記　二〇-一～六〕

と述べられているが、まさにこうした精神である。

こうした精神を中心にやってきたのがユダヤ教である。このユダヤ教の一派としてキリスト教は出発したという経緯からしても、こうしたモーゼ教的精神はキリスト教の母体といってよい。したがって、当然のことながら、カトリック＝キリシタンにもそういった面が厳然として存在している。実はキリシタンの宣教は、そしてキリシタン信徒の持った信仰は、結局のところ、こうしたモーゼ教的発想を中心にしたものであったといっても過言ではない。ハビアンの護教書『妙貞問答』にしても、排キリシタン書『破提宇子』にしても、キリシタンの教義の中心となるものとして論じているのは、結局は「万物創造の主としての神」「全知全能の神」といった一神教的絶対神が存在する、というコスモロジーを中心としたものであったのである。

(2) **パウロ教的伝統**　ここでパウロ教と呼ぶ精神的伝統の核心は、「十字架」である。これは、イエスの死後の弟子であり初代教会の中心人物の一人であった使徒パウロの思想に因むもので

あって、「神の子イエスがユダヤ人以外の異邦人を含む全人類の罪の贖いのために生贄として十字架上で死んだのだ、それによって全人類が救われたのだ」ということを強調する信仰である。たとえばパウロは、ローマの信徒団に宛てた手紙のなかで次のように言う。

人は皆、罪を犯して神の栄光を受けられなくなっていますが、ただキリスト・イエスによる贖いの業を通して、神の恵みにより無償で義とされるのです。神はこのキリストを立て、その血によって信じる者のために罪を償う供え物となさいました。（ローマ人への手紙 三・二三〜二五）

ここではイエスの十字架上での死がクローズアップされ、「贖罪の子羊」といったシンボルの下にイエスの存在が意味づけられることになる。パウロの思想が後のカトリックの中心的な教義にもなっているため、実はキリスト教ではなくパウロ教なのだとか、クリスチャニティ（キリスト教）ではなくクロスチャニティ（十字架教）なのだ、といわれることがあるのはこのためである。こうしたパウロ教的な要素は、ハビアンの著書にも、また『ドチリナ・キリシタン』等の教義書にも、必ずしも顕著ではない。日本のキリシタンの主要な関心は、「全人類の罪を償うために犠牲として身を捧げた神の子」といったパウロ的メッセージにはなかった、といっても過言ではないであろう。

また、イエスの「十字架上の死」を教義の中心に据えることとの関連で、イエスは十字架上の死から三日目に蘇って弟子たちに現れたという「復活」信仰、そして四〇日後にはイエスは弟子たちの見守る前で天に昇り、人々の目からは姿を隠したが、必ず栄光に満ちたかたちで再び（おそらくこの世の終わりに）この世に降臨されるという「再臨」信仰も、このパウロ教的伝統の大事な要素といってよい。しかしながらキリシタンの場合には、イエスの「復活」についての信仰は見られるが、この世の終わりにイエスが再び来臨する、という「再臨」信仰も、そのこととの関係での「終末観」も、ほとんど見られないといってよい。

（3）**イエス教的伝統**　これらに対して、イエス教と呼ぶ精神的伝統の核心は、「神の子」であり「愛」である。この伝統は、イエスがガリラヤ湖畔で人々に教えて廻った内容それ自体を重視する、ということである。

イエスはユダヤ教の律法を庶民の日常生活に杓子定規に適用することに対して批判的であった。彼は厳しい道徳律があまり好きではなかったようである。安息日に取ってはいけないとされていた稔った麦を弟子が取って食べてしまい、他の人から咎められても、彼は「決まりのために人がいるのではなく、人のために決まりがあるのだ、いいではないか」と言うほどである。このようにイエスは、必ずしもモーゼ教的伝統に忠実ではない。またイエスは、「私は神の子であるから、皆は私によって救われるのだ」などと口にしたわけでない。メタノイア（悔い改め）というかたちで、ものの見かた、考えかたを根本から変える、という人間革命を、それによって「神の子」となることを説いたのである。イエスの思想は、結局のところパウロ教的な伝統とも無縁のものであった。

イエスの説く人間革命の核心は、「神の子」としての自覚を持ち「愛の人」になることである。イエスは次のように言う。

あなたがたに新しい掟を与える。互いに愛し合いなさい。私があなたがたを愛したように、あなたがたも互いに愛し合いなさい。互いに愛し合うならば、それによってあなたがたが私の弟子であることを皆が知るようになる。〔ヨハネ　一三-三四～三五〕

この「愛の人」の前提として、イエスは心の持ちかたの基本的なが転換を説いた。たとえば「山上の垂訓」として知られるものでは、次のように述べる。

心の貧しい人々は幸いである、天の国はその人たちのものである。悲しむ人々は幸いである、その人たちは慰められる。柔和な人々は幸いである、その人たちは地を受け継ぐ。心の清い人々は幸いである、その人たちは神を見る。平和を実現する人々は幸いである、その人たちは神の子と呼ばれる。〔マタイ　四-三～一〇など〕

また「野の花」の例えも、心のありかたの根本的転換を促す教えとして印象的である。

野の花がどのように育つか、注意して見なさい。働きもせず、紡ぎもしない。しかし、言っておく。栄華を極めたソロモンでさえ、この花の一つほどにも着飾ってはいなかった。〔マタイ　六-二八～二九など〕

実はこうしたイエス教的な要素も、キリシタンの宣教において、またキリシタンの信仰の具体的ありかたにおいて、ほとんど見られなかったといってよい。たしかに「ミゼルコルディアの組」といったかたちでの慈善的な実践がキリシタン信徒のあいだに見られたが、これはあくまでもキリシタン的な「習俗」の一部といってよい。こうした慈善的実践がキリシタンにとって、どこまで人間革命的な重みを持つものであったかは疑問である。

繰り返すようであるが、当時の宣教師の教えたことというのは、基本的には「唯一絶対の神が存在するのだ」ということを中心としたひとつのコスモロジーだったのである。そして、このコスモロジーを受け入れることが信仰するということであり、それによって死後の天国行きが保証されるというかたちの「救い」が強調されたのである。キリシタン宣教の内容は、この意味において、まさにモーゼ教的な色彩の強いものであり、「実存的目覚め」ともいうべきイエス教的「覚」の宗教への深まりを持たないままであったのである。

キリシタンないしキリスト教における「習俗」「信」「覚」

もう少しこういった点に関して、キリシタンの信仰生活の具体的ありかたを点検してみることにしよう。

(1)「習俗」の宗教として

キリシタンは、何よりも「キリシタン的な習俗のなかで生活する」

ことを大事にした。つまり、第一義的には「習俗」としてのキリスト教徒であったといってよい。具体的には、洗礼を受けてキリシタンの共同体のメンバーとなり、ミサその他の宗教的儀礼に参加し、またクリスマスやイースターといった主要な祝祭日を大事にし、季節ごとに特別の祈りをしたり聖歌を歌ったりする（たとえば五月には聖母マリアの祈りや聖歌）といった生活様式を大事にしていた。先に触れた『ドチリナ・キリシタン』にある「二〇のマンダメント」や「教会の掟」「七つの大罪」や「七つの秘跡」などは、こうしたキリシタン的「習俗」の基盤になるものである。

このような習俗を通じて心の安らぎを得たり、自分自身を振り返る習慣を持ったり、新たに何らかの決心をしたりすることがあったであろう。また、唯一の神デウスや聖母マリアやさまざまな聖人に憧れを抱いたり、助力や保護を願ったりすることもあったであろう。さらには、こうした「習俗」を共にしていくことによって、お互い「信徒である」という仲間意識が培われ、ひとつの共同体として親しく交際していくということにもなったであろう。

これが、大多数のキリシタンの一般的なありかたであったといっていいのではないだろうか。こうした同心共同体の建設は、また、当時の宣教師たち（そして現在のカトリックの神父たちの）多くが願ってきたところでもあるであろう。これはまさに、キリシタン共同体（教会）という（限定された）〈我々の世界〉に生きる、といったありかたに他ならない。

⑵「信」の宗教として　しかし、そうした「習俗」の段階から一歩を進め、「キリシタンの信

仰に生きるべく生活する」というタイプの人もいたのではないだろうか。「信」のキリシタンを目指すありかたとでも言うべきものである。

「信」の宗教とは、信仰体系を何よりも大事にするものであるが、ひとつの信仰を持つことで、ひとつの確固とした世界観を持ち、そのなかで自分自身を律していくことになる。そして、自分一個の利害得失といった狭い世界に閉じこもるのでなく、宇宙と世界と人類と……というような大きなものと自分との関わりのなかで生きていくという意識を持つようになるであろう。「信」のキリシタンは、キリシタン的なコスモロジーを大前提に生きていくことになるわけであるから、キリシタンの教義や信仰箇条について常に考え研究し、それを自分自身の認識と信条に、さらには自分自身の行動原理にしていくよう努めることになるであろう。

これは、自分自身の信仰を深めるという点では〈我の世界〉を生きるありかたであるが、それと同時に、正統的教義とされるところに対する傾倒という点では、教会を準拠集団とした〈限定された〉〈我々の世界〉において純粋なかたちで生きようとするありかたといってもいいであろう。

キリシタンの「信」の具体的内容は、唯一の神の存在と来世の救いを中心としたものであったが、これはまたキリシタン的「習俗」を基底的に支えるものでもあった。そして、この「信」の強さが、後の弾圧・迫害の時代において、踏み絵を踏まずに殉教するという行為に繋がっていった場合も十分に考えられる。しかし、ハビアンの例にも見られるように、当時の日本人キリシタンの内的自然のありかたとして、こうしたかたちの信仰を持つということは、どこか窮屈なもの、自分自身の自由な精神のありかたに対し束縛となるもの、という感じられかたをしていたのではなかろうかと思われてならない。

（3）「覚」の宗教として　もうひとつ、理想的にいえば、「イエスのメッセージを受け止めることによって、ものの感じかたや考えかたが根本的に変わり、生きかたが根底から新しいものとなる」ということを目指すタイプのキリシタンがあってもよかったであろう。「覚」のキリシタンとでも言うべきありかたである。

この場合の「覚」の具体的内容としては、イエスが「悔い改め（メタノイア）」を呼びかけ、無条件の積極的能動的な「愛」を強調し、「幼子のごとくなれ」とか「野の花を見よ」とか、さらには「貧しい人は幸いである」等々と、逆説的とも見える表現を用いながら、人間革命の基本的ありかたを指し示しているということが重要な意味をもつはずである。

ものの感じかた、考えかたが根本から変わる、それによって日常の生きかたが抜本的に変革される、というのが「覚」である。特に、自分は何者であると考えるかという自己意識なりアイデンティティなりの基本までもが変わる、というのが「覚」である。しかも「覚」は自分自身の内的自然（実感・納得・本音）の新たな高次の組み替えに基盤をもつものであって、新たな自由の獲得という感覚を伴うものでもある。

その「覚」の具体的なかたちでの核心としては、イエスのメッセージから言うならば、自分自身もまた聖霊の働きによって生きる「神の子」である、というアイデンティティを持つことではないだろうか。そうした「覚」が実現するならば、「習俗」からも「信」からも解放されて本当に自由自在に生きるという境地が実現する、といってもよいであろう。

元来イエスのメッセージそのものが、メタノイア（改心）を強調するかたちで「覚」への指向性を強く持つものであったことは、ここで繰り返し再確認しておく必要がある。その基本的内容としては、

◆「自己中心性からの脱却」（命を与えられ生かされている私＝「神の思し召しのままに」という自覚を持つこと）、

◆「絶対的な（アガペとしての）愛」（他人を、時には敵である人をも、自分の如く愛すること）、

◆「他人に見せる生きかたでなく、自分自身の内的真実に対して誠実な生きかた」（外面を飾る偽善を排すること）、

といった特徴を持つ。こうした「覚」であるなら、本来、キリシタン（キリスト教）の世界を越え、仏教の世界にも神道や儒教の世界にも、またイスラム世界やヒンズー世界にも通底するところのあるものではないだろうか。つまり宗派的な相違を超えて、人の内的自然のより高次な方向への組み換えを通じて、どのような文化の下でも、そして誰の場合においても、実現するものであるといってよいのではないだろうか。普遍的でありながら独自固有の存在であるその人自身の世界のありかたに関わるという意味で、これこそまさに、各自の〈我の世界〉を深め、それに依拠した生きかたに導くものと言うべきである。

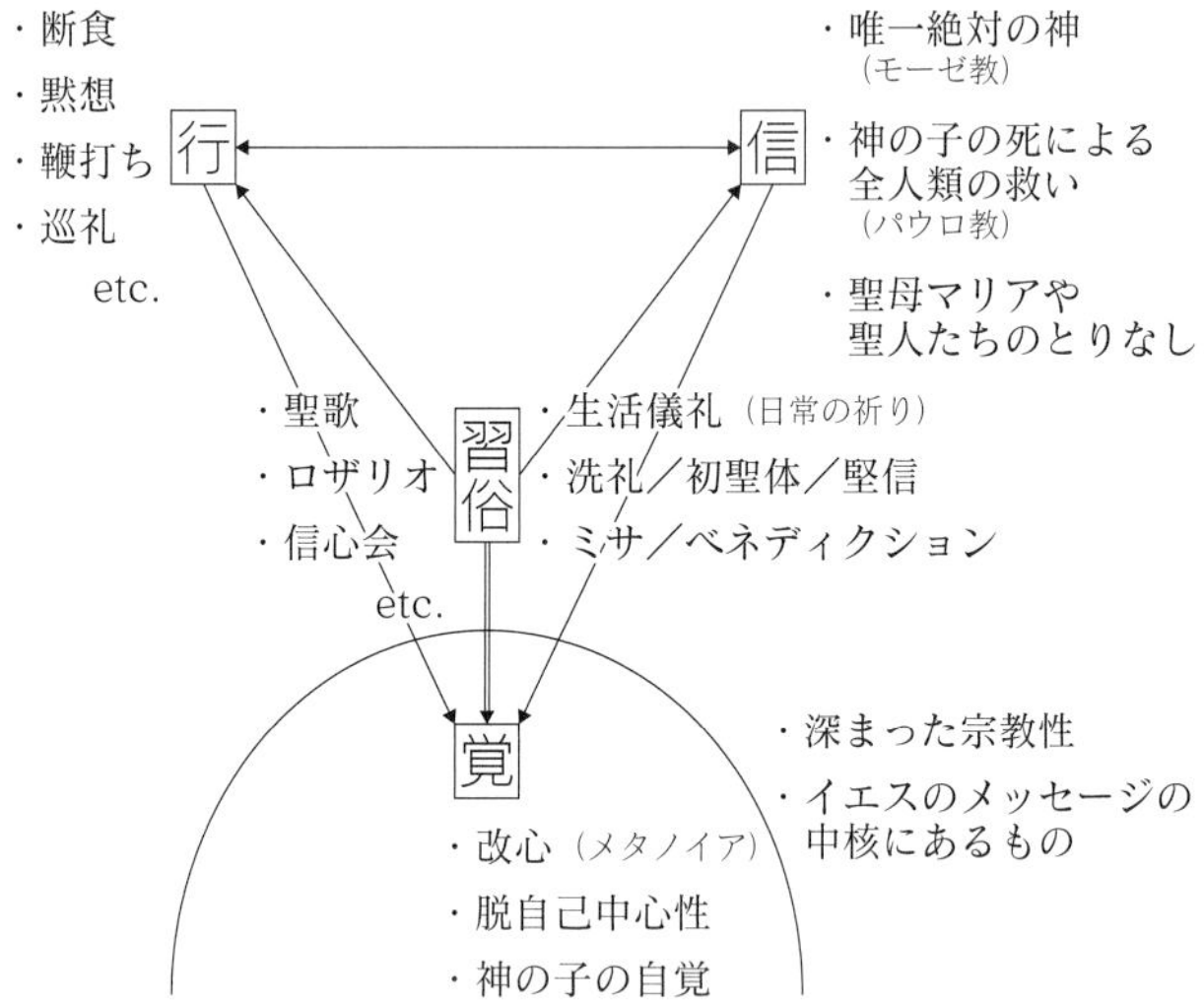

図1　宗教的な位相——カトリックの場合
(梶田2004「あとがき」の文献リスト参照)

（4）キリスト教宣教のありかたと「習俗」「信」「覚」　こうした三つのありかた以外に、「行」の宗教としての面も、本来は考えておかなくてはならない。キリシタンの場合にも、信心行として奉仕活動とか黙想とか苦行があったことも知られているからである。ただし現実には、「行」の宗教としての面はキリシタン的な「習俗」の一部と考えてもよいものであり、必ずしも独自の位置を占めていたとは考えられないので、ここでの検討では取りあげないことにする（カトリック＝キリシタンにおける「習俗」「行」「信」「覚」の相互関係については【図1】を参照されたい）。

さて、現実の宗教生活においては、「習俗」から入って「信」に進む、というのが最も一般的な行きかたであろう。逆に、「信」から入って「習俗」というかたちでその具現化を図るという行きかたもないではない。また、「覚」の具現化として「習俗」に赴くということも考えられないではないであろう。そして、ごく一部であろうが、当初から「覚」の段階を目的として目指し、その手段として「習俗」や「信」の伝統を活用する、という行きかたも想定されるところである。

このように考えてくるならば、キリシタン宣教に際しても、その基本的なありかたにさまざまなタイプのものがあり得たであろう、ということも考えられるのではないだろうか。

ひとつは、キリスト教（カトリック）的な「習俗」から入る宣教である。現にキリシタンの宣教師たちは、南ヨーロッパでのカトリック的習俗を日本でのキリシタン信徒たちに伝え、長崎を初めキリシタン信徒中心の地域においてそれを新たな習俗として定着させるべく努力した。隣組的な信者組織としてのコンフラリアを組織していったのも、そうしたキリスト教的「習俗」流布の一環であったといってよいであろう。

もうひとつは、キリスト教（カトリック）的な「信」に導くことを初めから主目的とする宣教である。キリシタンの公式の教義（カテキズム＝公教要理）をさまざまなかたちで教えていくことを中心的な課題とする宣教のありかたといってもよい。このような方向での宣教活動を考える場合、そうした活動によって何人の受洗者が出たか、という数を誇りとすることになりがちである。キリシタン宣教師がローマに送った報告のなかに、繰り返し洗礼を授けた人の数が出てくるのは、そうした背景をもつものと考えてもいいのではないだろうか。

こうしたありかたと根本的に異なる「覚」としての宣教についてはどうであろう。イエスのメッセージとの出会いの場を準備し、それによって一人ひとりが新しい生きかたに導かれる、というキリシタン宣教のありかたが実際にあったかどうかということである。残念なことに、キリシタン宣教においては、イエス自身の思想やメッセージは、まったくといってよいほど取り上げられていない。当時の南欧的カトリック自体にも、こうした「覚」の面がほとんどなかったといってよいのではないだろうか。

イエスのメッセージとキリシタンの信仰

イエスは、壮年の時期の終わりに近い頃になって、ヨハネ教団で洗礼を受け、砂漠の中で四〇日間一人きりでさまざまなことを考え、そして世の中に出て〝悔い改めよ〟と説いて歩いた。イエスは奇跡的な力で重い病気なども癒したと伝えられているが、それを言いふらすようなことをしてはいけない、と常に言い添えている。奇跡をネタに自分への信心を獲得しようとした方ではない。弟子たちが彼を救世主（メシア）に違いないなどといっても、そんなことはいってはいけない、と常に諫めている。奇跡だとか救世主だとかは「信」のレベルにおいては重要な意味をもつであろうが、本来「覚」には無関係なこと、むしろ有害なことですらある。それぞれの時代にいろんな教祖が出てきて「自分こそ救世主だ！」と自分で言い立てることがあるが、イエスは、自分の口からは一切そうしたことを言っていない。

〝悔い改めよ〟というメッセージには、神の国の到来を信じよう、という呼びかけが付随している。現実の社会のありかたは多くの矛盾をはらんでいて、正義とはとてもいえないものに満ちあふれている。だからこそ、そうでない世界、父なる神の愛と秩序が支配するイデア的な世界の到来を待ち望むのである。同時に、一人ひとりの現実のありかたは、私利私欲にまみれ、弱肉強食的競い合いのなかで疲れ果ててしまっていることも少なくない。だからこそ、そうでない生きかたへの転換が大切な意味をもつのである。一人ひとりが「神の子」であるという自覚を持ち、内的生命力にあふれ、自分の使命に生きる、といった生きかたである。

「神の子」として生きるとは、どこか外部の遠いところに居る神様と私とが特別の関係を結ぶということでなく、「自分自身が神において在る」ということ、「自分の存在も使命感も行動も神の働きのひとつの現れである」という自覚をもって生きるということである。つまり、一人ひとりが神によって生かされ、神によって機能させられている、という自覚をもつことである。先にも触れたように、美しい野の花は、美しく咲こうと思って咲いているわけではなく、内的な生命の力が、我々から見て美しく見えるようなかたちで、自ずから発現しているのである。

イエスは、「このような祈りをすれば、このような儀式をすれば、皆が救われる」といった「習俗」のレベルの宗教を提唱したのではない。またイエスは、当時のユダヤ教と異なった「信」の体系をもつ新しい宗教を始めようとしたわけでもない。イエスのメッセージは、人々を「覚」に導こうとするものだったといってよい。

大事なのは、「覚」の段階まで、「悔い改め」までいかなければならない、ということである。「習俗」や「信」の段階に留まって、それでキリシタンとかカトリック信徒とか自称するのは、本当は大きな間違いではないだろうか。この意味において、「キリシタンの保持していた信仰はイエスの教えとは縁の薄いものであった」と考えておいたほうがよさそうである。

最後に、【図2】のかたちで、《イエスの思想》と《キリシタンの信仰》との根本的な相違を対比してみることにしよう（水平の軸は〈我々の世界〉での生きかた、垂直の軸は〈我の世界〉での生きかたに関わる原理を示す）。

《イエスの思想》は、端的にいえば、眠ったように生きている人々の日常的状態（いくつもの喩えで示される）を脱却し、神の国に生きるに相応しい「神の子」の状態へとメタノイア（悔い改め＝変身）することを求めるものであった。それは、偽善的になるまでに表層的となっていたユダヤ教的な律法順守を乗り越え、「石に書かれた律法より肉に刻まれた律法を」という表現で、生き生きとした内的生命力の発現を求めるものであった。そして「野の花」のように脱自己中心的に、そして「幼子」のように無計算で、大きな神の愛に信頼しつつ、素直に生きることを求めるものであった。これこそが「神の子」と呼ばれるべきありかたであり、来たるべき「神の国」に入るに相応しいものなのである。さらにこれは、人々との交わりのなかで「敵をも愛す」という「絶対的な愛」の発現を求める、というメッセージになっていく。

これに対して《キリシタンの信仰》は、来世でインヘルノ（地獄）に墜ちたくなければ唯一の全知全能の神を信じ、日本伝来の異教的で偶像崇拝的な習俗を脱し、スペインやイタリアなどといったキリスト教国的な生活の仕方に改めていかなければ、というものであった。

そこには、全人類が生活形態を異にしながらも基本的には兄弟姉妹であるという感覚はまったくといってよいほど欠けており、自分の生い育った文化を絶対視し、それへの同化こそが人としての向上であるという素朴なエスノセントリズムから脱することの出来ない宣教師の姿が

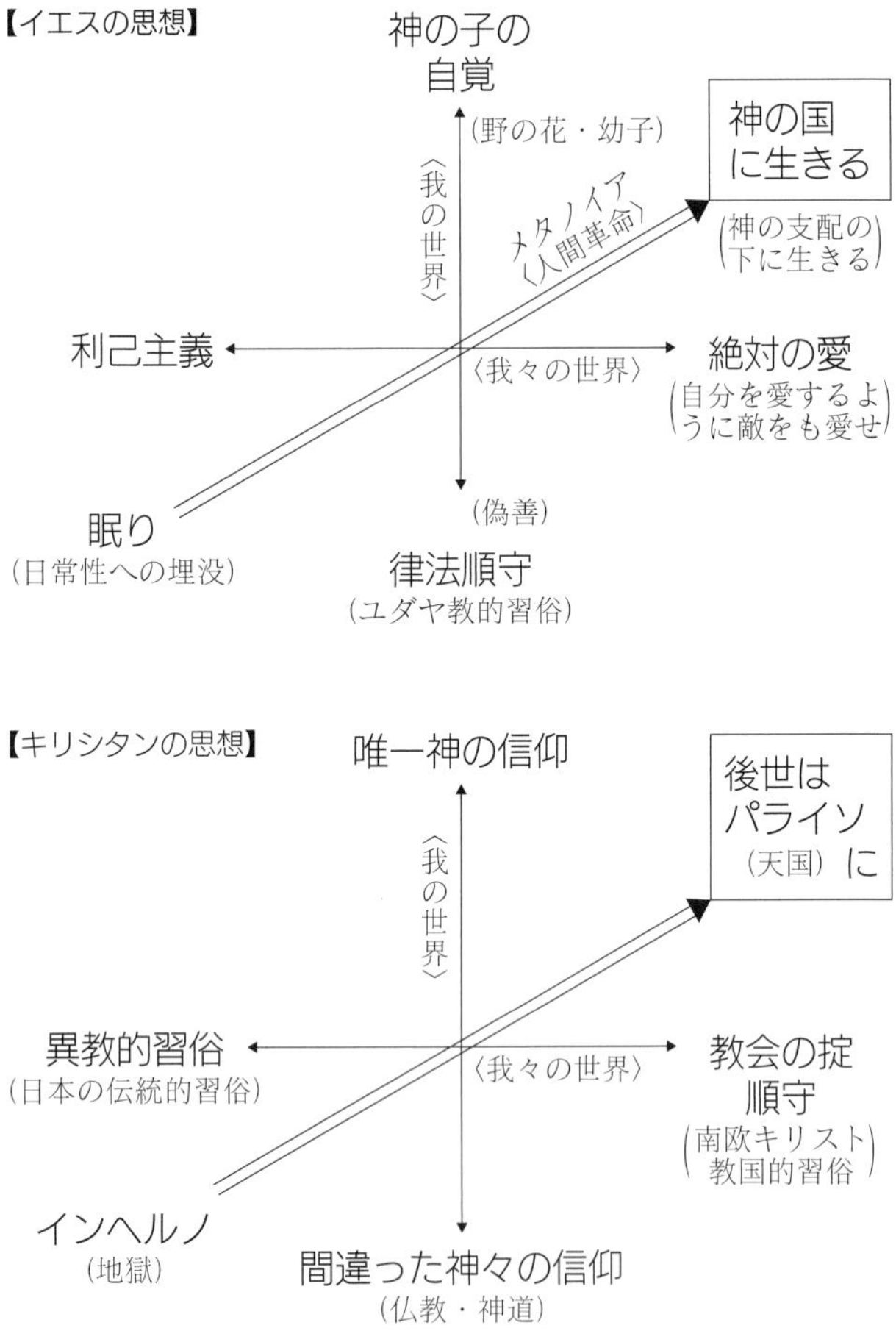

図2　イエスの教えとキリシタン信仰の構造

(梶田2006「あとがき」の文献リスト参照)

あった。このような前提の下では、当然のことながら、当時の仏教や神道、儒教から思想的なものを学ぶなどということは一切考えようがない。自分の宗派なり党派なりという狭い世界を絶対視するセクト主義であったのである。

したがって、キリシタンの考える「平和」とは、自分のセクトにすべての人が入ってくれた時に初めて争いが無くなり平和が到来する、というものでしかなかった。一部のキリシタン宣教師が戦国時代末期の熾烈な抗争のなかで「キリシタン大名」に武器その他の援助をしたり、当時の日本でのキリシタン勢力を守るためにスペインなどの武力介入を求めたりしたのは、まさにこうした思想的土壌に立っていたからである。

〈第二バチカン公会議〉を踏まえて

さて、もう一度振り返ってみたいと思うが、ハビアンのキリシタンとの訣別をもたらしたものは、結局のところ何であったのであろうか。

キリシタンに対する禁教令やそれに基づく迫害でなかったことは確かである。訣別の原因となったものは、そうした社会的状況でなく個人的事情である。しかしながら、その内容は、最初の部分でも述べたように、日本人であるが故のバードレへの昇進拒否、仏教側と権力側からの圧迫にハビアン個人の謹慎というかたちで応えた教団の不誠実さ、そして女性問題、というだけのものではない。

それらはひとつの契機となったものかしれないが、真の原因は、自分の説いていることが自分自身で信じられなくなったことであり、また自分の実感からいって不自然極まりないことを押し付けてくる宣教師への反発が蓄積していった、というところにあったのではないだろうか。これはまた、ハビアンの心の底に潜む「宗教多元主義」「文化多元主義」という伝統的心性からいって、欧米的な自己の宗教や文化に対する絶対視に我慢できなくなった、ということであろう。

ハビアンのこうした内面的軌跡を思うとき、一九六〇年代初めに開かれた〈第二バチカン公会議〉の結果として宣言されたカトリック教会の基本姿勢の転換と、それによって生じた因習的な教義体系からの脱却、諸宗教との対話、イエス自身の教えへの回帰を目指す志向性等々のことが頭に浮かばざるをえない。こうしたカトリック教会の姿勢の柔軟化・現代化の試みに照らし合わせた場合、当時のキリシタン教団＝カトリック教会のもっていた偏狭さ、独善性、ヨーロッパ人中心主義、そうした基盤の上に立っての「魂の征服」といった発想のはらむ戦闘性と非寛容性、の息苦しさが思われてならないのである。

当時のキリシタン的精神風土が、一方では、殉教を願い、殉教者の遺物を崇拝するという、当時の日本人の多くの目には異様としか映らなかったキリシタン風俗を生み、他方では、ハビアンを含め大多数のキリシタンが静かに旧来の信仰を離れ、仏教者となったり、〝江湖の野子〟といった「自覚的無宗教者」となったりする、という道を準備したのであろう。

もしも、〈第二バチカン公会議〉で宣揚された「宗教的多元主義」と「対話の精神」が当時のキリシタン教団にあったならば、ハビアンはあのような対決的態度で仏僧等と論争を重ねなくてもよかったであろうし、また『妙提問答』の全般的雰囲気も、大きく異なったものになっていたであろう。もしもそうであるなら、晩年になって〝江湖の野子〟という自覚を強め、一切の既成教団の枠を離れるに際しても、結局のところは「分けのぼる麓の道は多けれど　同じ雲井の月を見るかな」という感慨を強くもちながらキリシタン世界を去っていったのではないだろうか。

ちなみに、〈第二バチカン公会議〉は教皇ヨハネス二三世が一九五九年一月二十五日にその開催を発表し、一九六二年十月十一日から十二月八日まで第一会期が持たれ、後継の教皇パウルス六世によって、一九六三年九月二十九日〜十二月四日、一九六四年九月十四日〜十一月二十一日、一九六五年九月十四日〜十二月四日の三会期にわたって開催された。この会議には、総数二八六五人のカトリック司教と高位聖職者が参加し、結果として、カトリック教会の新たなありかたを明確にする一六文書が公表されている。イブ・ブリュレが文庫クセジュ『カトリシスムとは何か』[†2]のなかで紹介しているところによれば、〈第二バチカン公会議〉は次のような転換をもたらしたと、一九六五年段階で総括されている。

（1）〈第一バチカン公会議〉と「シラビュス」の「非妥協的」な時代からの転換。単独支配的で中央集権的な教皇組織の、周りの近代社会を断罪する権威主義的な教会からの転換。

（〈第一バチカン公会議〉は、一八六九〜七〇年に開かれ、教皇の不謬性などが決議されたものであり、そうした絶対的権威主義からの脱却が図られたといってよい。）

（２）カトリック改革の「トリエント的」時代からの転換。プロテスタンティスムとの相違を縮めるのでなく、反対に相違を強調することになった「勝利主義」からの転換。

（宗教改革の後、一五四五〜一五六三年のあいだに断続的なかたちで、イタリアに近いドイツ帝国領のトリエントで開かれた公会議では、プロテスタントとの教議上の関係をどうするかが議論され、宗教改革の原理に対する対抗的な決定がなされ、プロテスタントとの対立は非妥協的なものになった。こうした独善的かつ自己絶対視的な対決姿勢からの脱却が図られたといってよい。）

（３）中央集権的精神が画一性を進め、キリスト教世界の敵に十字軍として攻撃をおこなう「グレゴリウス的」時代からの転換。

（教皇グレゴリウス七世（在位一〇七三〜八五年）は、司教の任命権は教皇のみにあるということを主張してドイツ王ハインリッヒ四世と争い（叙任権論争）屈服させたことで知られている。グレゴリウス九世（在位一二二七〜四一年）は、イタリア本土における教皇権の確立のため神聖ローマ皇帝フリードリッヒ二世と争い、十字軍派遣の主導権をめぐって皇帝フリードリッヒ二世を破門している。いずれにせよ、現実の世俗的世界までもをカトリック教会が一元的に支配しないではおかない、という権力的支配主義からの脱却が図られたといってよい。）

（４）教会と政治権力の反宗教的自由の同盟の象徴である「コンスタンティヌス的」時代からの転換。

（ローマ皇帝コンスタンティヌス大帝〔在位三〇六〜三三七年〕は、ローマ帝国の内乱を平定して統一し、キリスト教を初めて公認宗教とした。そしてニケア公会議を召集し、キリスト教会を〔原〕ニケア信条の下に統一し、その結果、アリウス派が異端として追放された。そうした歴史に象徴される、世俗権力との同盟によっての一元的なイデオロギー支配からの脱却が図られたといってよい。）

こうしたかたちで総括される〈第二バチカン公会議〉は、本書のプロローグでも触れたように、カトリック教会のみが真理を保有するという独善性と自己絶対視を放棄し、キリスト教各派との、またユダヤ教やイスラム教、仏教やヒンズー教等々との対話を尊重し、またイエスの教えそのものに目を向ける、という新たなカトリックのありかたを志向するものであった。まさに「宗教多元主義」の方向にカトリック教会が道を開いた画期的な公会議であった。しかし残念なことに、現実のカトリック教会は、未だ〈第二バチカン公会議〉以前の状態に止まっている部分が少なくないのであるが……。

日本社会のキリシタン経験をどのように捉えるか

十六世紀半ばから十七世紀初めにかけてのキリシタン宣教は、結論的にいえば、政治的にも文化的にも徒花のごときものでしかなかったかもしれない。しかし、こうしたかたちのキリシタン宣教が現に存在したという事実は、前車の轍として、現代に生きる我々に大きな示唆を与えるものではないだろうか。

根本的な人間革命を目指すイエスの「覚」のメッセージが、単に外来のものとしてではなく、日本の伝統的な精神的文化的土壌に新たな耕しをもたらし、その上に立って日本の社会と文化に新たな花と実りをもたらすという夢を、私自身は簡単に捨て去ることが出来ない。外来の仏教が、日本の社会に受肉することによって、日本の伝統的な精神的文化的土壌に新たな豊かさをもたらしてくれたのと同様である。

現代日本のカトリックもプロテスタントも、結局のところ、イエスのメッセージのもつ人間革命への呼びかけを伝えるものになっていないが故に、しかもなおかつ、自己絶対視の姿勢が根強く、他の宗教宗派とのあいだの対話に身が入っていないが故に、衰退していっているという見かたが可能ではないだろうか。これは、言い換えるなら、現代日本のキリスト教の現実のありかたが、結局のところはイエスのメッセージから離れたところにある、ということを意味するものに他ならないであろう。

いずれにせよ、ハビアンは自分自身に対して誠実であったがゆえにキリシタンとなり、キリシタンの側からの布教に人生の大半の精力を注ぎ、それが人々に真の救いをもたらすものでないことに「豁然として目覚め」、キリシタンを捨てて〝江湖の野子〟として新たな自由自在の境地に生きようとした、と見てよい。日本の知識人として、誠実なかたちで自分自身の内的自然を深めていった生涯であった、と評価してよいのではないだろうか。

ハビアンの着地点〝江湖の野子〟といった自己意識のありかたは、私自身の印象では、ガリラヤ湖のほとりで人々に「野の花」を示して「大自然に生かされてある我」の自覚を促し、「貧しい人こそ幸い」と説いて、財産と名誉と権力の追求にあくせくとした人生を送りがちな世俗的感覚に反省を求め、「私の王国はこの世のものではない」と超俗的生きかたを勧めたイエスの姿をどこか思わせるものがあるように思われる。

ハビアンは、当時の世界の最先端の合理精神に基づく自然科学的世界観に憧れてキリシタンとなり、それがキリシタンの教義そのものを支えているものと信じて布教に邁進した。しかしながら、ハビアン自身、熱心に布教活動に邁進すればするほど、実は教義自体が合理性に欠けた南ヨーロッパ諸国に固有のイデオロギー体系でしかないことに気づくことになる。その結果として結局はキリシタンの教義を捨て、それまでの社会的立場にとらわれない自由人に立ち返り、自分自身の内的合理性を重視し、自分の心の奥底にある内的自然に根差した自分本来のありかたに立ち返ったように思われてならない。

これはハビアンから四百年ほど後の日本知識人の少なからぬ人たちが、マルクス、レーニンらの「科学的」理論を学んで共産主義者となり、「社会主義革命は近い」として革命運動に邁進しながらも、みずからが運動のなかでとっている言行と自分自身の内なる自然とのあいだに懸隔があることに気づき、「実感信仰」に立ち返る（再びみずからの内的自然に依拠するありかたに立ち返る）というかたちで「転向」していった姿と、どこか通底するところがあるのではないだろうか。

†1　海老沢有道・井出勝美・岸野久編著『キリシタン教理書』（キリシタン文学双書／キリシタン研究　第三〇輯）、教文館、一九九三年。

†2　イブ・ブリュレ『カトリシスムとは何か——キリスト教の歴史をとおして』（文庫クセジュ）加藤隆訳、白水社、二〇〇七年。

（井手勝美，1995 等の資料に基づく）

キリシタンに関する事柄	社会的状況
1549年（天文18年）イエズス会宣教師フランシスコ・ザビエル、日本人アンジローの案内で鹿児島に到着（1551年、ザビエル離日、インドへ）。 1559年（永禄２年）豊後にイエズス会病院開設。ガスパル・ビレラ京都伝道。 1560年（永禄３年）ビレラ、将軍足利義輝に謁見、布教許可を得る。	
1568年（永禄11年）大村純忠、長崎にキリシタン会堂建立。京都南蛮寺建立。 1569年（永禄12年）ルイス・フロイス、信長に謁見、京都での布教許可を得る。 1570年（元亀１年）カプラル布教長となり日本人蔑視によりキリシタン離反続出。	1568年（永禄11年） 織田信長入京。 1571年（元亀２年） 信長、延暦寺を焼き打ち。
1579年（天正７年）イエズス会巡察師ヴァリニアーノ来日。都ではオルガンチーノらの働きでキリシタン信徒急増。 1580年（天正８年）長崎の地をイエズス会が大村純忠より寄進され受領（七年後没収） 1582年（天正10年）遣欧少年使節四人の一行が出発。	1582年（天正10年） 本能寺の変。
1585年（天正13年）イエズス会日本責任者コエリョ、フィリピンに武器援助要請。	1585年（天正13年） 秀吉が関白に。
1587年（天正15年）豊臣秀吉のバテレン追放令。	
1590年（天正18年）遣欧少年使節帰国。	1590年（天正18年） 秀吉全国統一。
1591年（天正19年）よりドミニコ会、フランシスコ会の宣教師の来日始まる。 1592年（天正20年）フィリピン使節としてフンシスコ会バプチスタ来日。京都布教。	1592年（文禄元年） 文禄の役（～96年）。
1596年（慶長１年）スペイン船サンフェリペ号土佐漂着。乗組員スペインの植民地政策とキリシタン布教の関連を語る。	

ハビアン関係年表

	ハビアンの人生
1550年	
1560年	1565年（永禄８年）加賀または越中で出生。 幼にして京都の臨済宗建仁寺 or 大徳寺に入る。僧名は恵春（恵俊）あるいは雲居。所化（修業僧）となる。
1570年	
1580年	1583年（天正11年）十九歳頃母親（北政所の侍女）と共に京都で受洗。洗礼名ハビアン。同年、高槻のセミナリオ入学。二年後、大坂のセミナリオに移る。 1586年（天正14年）イエズス会入会。臼杵の修練院に入る。 1588年（天正16年）千々石、有家のコレジオの学生。
1590年	1590年（天正18年）加津佐のコレジオに在学中、巡察師バリニャーノが同地で主催した日本イエズス会第２回総協議会に出席。 1592年（文禄元年）天草のコレジオの日本語教師。『平家物語』の口語訳要約版を編纂し序を執筆。 1593年（文禄２年）大江でラテン語学習。『伊曽保物語』『金句集』編纂。

キリシタンに関する事柄	社会的状況
1597年（慶長２年）長崎でフランシスコ会とイエズス会の宣教師ら二十六人を処刑（二十六聖人）。	1597年（慶長２年） 慶長の役（〜98年）。 1598年（慶長３年） 秀吉没す。
1600年（慶長５年）豊後に蘭船リーフデ号漂着。船員のイギリス人アダムス（三浦安針）を家康が寵愛、スペイン等の植民地化政策とキリシタン布教について助言を得る。	1600年（慶長５年） 関ケ原の戦い。徳川家康覇権を握る。 1603年（慶長８年） 家康が征夷大将軍に。
1606年（慶長11年）林羅山『排耶蘇』（ハビアンとの論争記録）を公刊。	1607年（慶長12年） 家康、将軍職を秀忠に譲り、大御所政治。
1612年（慶長17年）幕府直轄領のキリシタン信教禁止。 1613年（慶長18年）年末に遣欧使節支倉常長の一行出発。	
1614年（慶長19年）キリシタン禁教令。高山右近ら国外追放。	1614年（慶長19年） 大坂冬の陣。 1615年（慶長20年） 大坂夏の陣。 1616年（元和２年） 家康没す。
1617年（元和３年）諸藩キリシタン迫害。 1619年（元和５年）京都でキリシタン信徒火刑。 1620年（元和６年）平戸の英蘭両商館員、ポルトガル、スペインの植民地化政策とキリシタン布教は不可分と説く。 1620年（元和６年）遣欧使節支倉常長が帰国。 1622年（元和８年）長崎で五十五人処刑。	1623年（寛永元年） 家光、第三代将軍となる。
1628年（寛永５年）踏絵始まる。 1633年（寛永10年）朱印船以外の海外渡航禁止。海外渡航者の帰国制限。第一次鎖国令。 1639年（寛永16年）宗門改め役を置き、寺請・宗門人別帳の制度を創始。 1641年（寛永18年）長崎一港に限りオランダ人中国人のみとの貿易を許す鎖国体制の完成。	1637〜38年（寛永14〜15年） 島原の乱。

	ハビアンの人生
	1597年（慶長２年）長崎のトードス・オス・サントス教会へ移る。 1597年～1602年（慶長２年～７年）長崎で神学を学ぶ。『仏法』（1601年刊）を編纂。
1600年	
	1603年（慶長８年）以降、京都下京の教会で活動。仏教側との論争に活躍。 1605年（慶長10年）護教書『妙貞問答』三巻を著す。 1606年（慶長11年）林羅山と論争。京都で京極高吉の娘マグダレナ（朽木宣綱室）の葬儀、博多で黒田如水の三回忌の追悼説教。 1607年（慶長12年）準管区長バジオ、ファビアン著述の教理書を本多正純に献上。 1608年（慶長13年）修道女（ベアータ）と共に出奔棄教、奈良、枚方、大坂などに。 1609年（慶長14年）ベアータと博多居住。
1610年	
	1614年（慶長19年）以後、長崎で幕府のキリシタン取り締まりに協力。
1620年	
	1620年（元和６年）反キリシタン書『破提宇子』を著す。 1621年（元和６年）三月（？）、五十七歳で没。
1630年	
1640年	

主要参考文献

〔公刊年順に掲載〕

ハビアン研究関係

新村　出『南蛮廣記』岩波書店　一九二五年
遠藤周作・三浦朱門『キリシタン時代の知識人――背教と殉教』日本経済新聞社　一九六七年
三枝博音『西欧化日本の研究』中央公論社　一九七三年
イザヤ・ベンダサン（＝山本七平）『日本教徒――その開祖と日本知識人』角川書店　一九七六年
山本七平『受容と排除の軌跡』主婦の友社　一九七八年
坂元正義『日本キリシタンの聖と俗――背教者ファビアンとその時代』名著刊行会　一九八一年
井手勝美『キリシタン思想史研究序説』ぺりかん社　一九九五年
小岸　昭『隠れユダヤ教徒と隠れキリシタン』人文書院　二〇〇二年
釈　徹宗『不干斎ハビアン――神も仏も棄てた宗教者』新潮社　二〇〇九年

キリシタン研究全般

新村　出『南蛮記』東亜堂書房　一九一五年
新村　出『南蛮更紗』改造社　一九二四年
姉崎正治『切支丹迫害の迫害と潜伏』同文館　一九二五年
姉崎正治『切支丹迫害史中の人物事跡』同文館　一九三〇年
姉崎正治『切支丹宗教文学』同文館　一九三二年
レオン・バジェス『日本切支丹宗門史』（全三冊）吉田小五郎訳　岩波書店　一九三八年――後に岩波文庫（全三冊）
一九八三年
新村　出『日本切利支丹文化史』地人書館　一九四一年
海老沢有道『切利支丹史の研究』畝傍書房　一九四二年
木下杢太郎（太田正雄）『日本切利支丹史鈔』中央公論社　一九四三年
海老沢有道『切利支丹の社会活動及南蛮医学』冨山房　一九四四年
レナート・タシナリ『初代日本切利支丹史』ドン・ボスコ社　一九四六年
ラウレス・ヨハネス『きりしたん史入門』松田之毅一訳　エンデルレ書店　一九四七年
海老沢有道『キリシタン文化概論』青年評論社　一九四八年
片岡弥吉『日本キリシタン物語』中央出版社　一九四八年
榊原悠二『日本切支丹の歴史的役割』伊藤書店　一九四八年
海老沢有道『西洋文化の伝来と日本』朝日新聞社　一九四九年
和辻哲郎『鎖国』筑摩書房　一九五〇年
助野健太郎『切支丹の迫害と殉教』ドン・ボスコ社　一九五二年

吉田小五郎『キリシタン大名』至文堂　一九五四年
ラウレス・ヨハネス『日本カトリック教会史』名倉　直　訳　中央出版社　一九五六年
海老沢有道『南蛮文化――日欧文化交渉』至文堂　一九五八年
海老沢有道『南蛮学統の研究』創文社　一九五八年
村上直次郎監修・編集『切支丹風土記』（全五冊――九州篇・近畿中国篇・東日本篇・別巻研究篇・別巻文学篇）宝文館　一九六〇年
橋本進吉『キリシタン教義の研究』岩波書店　一九六一年
海老沢有道・松田毅一『エヴォラ屏風文書の研究』ナツメ社　一九六三年
フーベルト・チースリク『キリシタン人物の研究――邦人司祭の巻』吉川弘文館　一九六三年
土井忠生『切支丹文献考』三省堂　一九六三年
松田毅一『日葡交渉史』教文館　一九六三年
竹村　覚『キリシタン遺物の研究』開文社　一九六四年
松田毅一『南蛮資料の発見――よみがえる信長時代』中央公論社　一九六四年
海老沢有道『日本キリシタン史』塙書房　一九六六年
田中　将『日本キリシタン物語』角川書店　一九六六年
岡田章雄『南蛮史談』人物往来社　一九六七年
松田毅一『近世初期日本関係南蛮資料の研究』風間書房　一九六七年
井上　章『天草版　伊曾保物語の研究』風間書房　一九六八年
山田野理夫『切支丹研究』鷺の宮書房　一九六八年
ロペス・ガイ『初期キリシタン時代における準備布教』井手勝美訳　キリシタン文化研究会　一九六八年
岡田章雄『バテレンの道』淡交社　一九七〇年
松田毅一『南蛮のバテレン――東西交渉史の問題をさぐる』日本放送出版協会　一九七〇年

板橋　勉『南蛮船がきたころ――平戸長崎切支丹記』至誠堂新書　一九七一年
フーベルト・チースリク『世界を歩いた切支丹』春秋社　一九七一年
福島邦道『キリシタン史料と国語研究』笠間書房　一九七三年
岩生成一『日本の歴史 一四 鎖国』（中公文庫）中央公論社　一九七四年
村田　明『スピリツアル修行の研究』風間書房　一九七四年
松田毅一『キリシタン研究　第二部　論攷篇』風間書房　一九七五年
海老沢有道『地方切支丹の発掘』柏書房　一九七六年
高瀬弘一郎『キリシタン時代の研究』岩波書店　一九七七年
片岡弥吉『日本キリシタン殉教史』時事通信社　一九七九年
海老沢有道『キリシタンの弾圧と抵抗』雄山閣　一九八一年
松田毅一『キリシタン時代を歩く』中央公論社　一九八一年
ロペス・ガイ『キリシタン時代の典礼』井手勝美訳　キリシタン文化研究会　一九八三年
大桑斉篇『史料研究・雪窓宗崔――禅と国家とキリシタン』同朋社　一九八四年
岡倉良知『キリシタンの時代』八木書店　一九八七年
日本キリスト教歴史大事典編集委員会『日本キリスト教歴史大事典』教文館　一九八八年
安野真幸『バテレン追放令――十六世紀の日欧対決』日本エディターズスクール出版部　一九八九年
五野井隆史『日本キリスト教史』吉川弘文館　一九九〇年
海老沢有道『キリシタン南蛮文学入門』（キリシタン文学双書）教文館　一九九一年
松田毅一『豊臣秀吉と南蛮人』朝文社　一九九二年
松田毅一『ヴァリニャーノとキリシタン宗門』朝文社　一九九二年
五野井隆史『徳川初期キリシタン史研究』（補訂版）吉川弘文館　一九九二年
高瀬弘一郎『キリシタンの世紀』岩波書店　一九九三年

高瀬弘一郎『キリシタン時代対外関係の研究』吉川弘文館　一九九四年
パブロ・パステルス『十六～十七世紀 日本スペイン交渉史』松田毅一訳　大修館書店　一九九四年
藤野 保 編『近世社会と宗教』（論集幕藩体制史 第一期 第九巻）雄山閣　一九九五年
フーベルト・チースリスク『キリシタン史考』（聖母文庫）聖母の騎士社　一九九五年
岸野久・村井早苗編『キリシタン史の新発見』雄山閣　一九九六年
フーベルト・チースリスク『キリシタンの心』（聖母文庫）聖母の騎士社　一九九六年
岸野　久『ザビエルと日本』吉川弘文館　一九九八年
フーベルト・チースリスク監修／太田淑子編『日本史大百科・キリシタン』東京堂書店　一九九九年
村井早苗『天皇とキリシタン禁制――「キリシタンの世紀」における権力闘争の構図』雄山閣　二〇〇〇年
高瀬弘一郎『キリシタン時代の文化と諸相』八木書店　二〇〇一年
高瀬弘一郎『キリシタン時代の貿易と外交』八木書店　二〇〇一年
川村信三『キリシタン信徒組織の誕生と変容――「コンフラリヤ」から「こんふらりや」へ』（キリシタン研究 第四〇輯）教文館　二〇〇三年
五野井隆史『日本キリシタン史の研究』吉川弘文館　二〇〇二年
五野井隆史『大航海時代と日本』渡辺出版　二〇〇三年
小峯和明ほか『キリシタン文化と日欧交流』勉誠出版　二〇〇九年
川村信三編『超領域交流史の試み――ザビエルに続くパイオニアたち』上智大学出版　二〇〇九年
折井善果『キリシタン文学における日欧比較――ルイス・デ・グラナダと日本』（キリシタン研究 第四七輯）教文館　二〇一〇年
五野井隆史『キリシタンの文化』吉川弘文館　二〇一二年

大阪毎日新聞社編『切利支丹叢書』(一二五冊)大阪毎日新聞社　一九二八〜二九年
海老沢有道『長崎版 どちりなきりしたん』岩波文庫　一九五〇年
海老沢有道監修・基督教史学会編『日本基督教会史関係和漢書目録』文晃堂　一九五四年
海老沢有道『ろざりよの観念「スピリチアル修行」第一冊』ナツメ社　一九五五年
海老沢有道『御ぱっしょんの観念「スピリチアル修行」第二冊』聖心女子大学カトリック文化研究所　一九五七年
海老沢有道『切利支丹心得書』聖心女子大学カトリック文化研究所　一九五八年
井上　章『天草版 伊曾保物語』風間書房　一九六四年
海老沢有道訳編『南蛮寺興廃記・邪教大意・妙貞問答・破提宇子』(東洋文庫)平凡社　一九六四年
ゲオルク・シュールハンマー『山口の討論——一五五一年イエズス会士コスメ・デ・トルレスと仏教徒との』神尾庄治訳　新生社　一九六四年
アビラ・ヒロン『日本王国記』／ルイス・フロイス『日欧文化比較』(大航海時代叢書)岡田章雄訳注　岩波書店　一九六五年
松田毅一『日欧交渉史文献目録 南欧・キリシタン篇』一誠堂書店　一九六五年
亀井高孝『キリシタン版 天草本平家物語』吉川弘文館　一九六六年
ジョアン・ロドリゲス『日本教会史』(全二巻——大航海時代叢書)佐藤泰彦他訳　岩波書店　一九六七〜七〇年
村上直次郎訳／柳谷武夫編輯『イエズス会士日本通信』(全二巻——新異国叢書)雄松堂書店　一九六八〜六九年
鷲尾順敬編『日本思想闘諍史料 第十巻』名著刊行会　一九六九年
海老沢有道ほか編『キリシタン書・排耶書』(日本思想体系)岩波書店　一九七〇年
杉浦明平編／海老沢有道校注『切支丹・蘭学集』(日本の思想 第一六巻)筑摩書房　一九七〇年

アレッサンドロ・ヴァリニャーノ『日本巡察記』（東洋文庫）松田毅一訳　平凡社　一九七三年
ルイス・フロイス『日本史』（全一二巻）松田毅一・川崎桃太訳　中央公論社　一九七八～八〇年
ハシント・オルファネール／ホセ・デルガド編注『日本キリシタン教会史』井手勝美訳　雄松堂書店　一九八〇年
ディエゴ・コリャード／ホセ・デルガド編注『日本キリシタン教会史補遺』井手勝美訳　雄松堂書店　一九八〇年
高瀬弘一郎訳注『イエズス会と日本　一』（大航海時代叢書）岩波書店　一九八一年
亀井　孝・チースリスク・小島幸枝編『日本イエズス会版　キリシタン要理』岩波書店　一九八三年
フランシスコ・ザビエル『聖フランシスコ・ザビエル全書簡』河野純徳訳　平凡社　一九八五年
松田毅一監訳『十六・七世紀イエズス会日本報告集』（全一五巻）同朋社　一九八七～九八年
高瀬弘一郎・岸野久訳注『イエズス会と日本　二』（大航海時代叢書）岩波書店　一九八八年
海老沢有道ほか編『キリシタン教理書』（キリシタン文学双書）教文館　一九九三年
海老沢有道編『スピリチュアル修行』（キリシタン文学双書）教文館　一九九四年
尾原　悟　編『ヒイデスの導師』（キリシタン文学双書）教文館　一九九五年
尾原　悟　編『サントスのご作業』（キリシタン文学双書）教文館　一九九六年
尾原　悟　編『きりしたんのおらしょ』（キリシタン文学双書）教文館　二〇〇五年
高瀬弘一郎訳註『モンスーン文書と日本――十七世紀ポルトガル公文書集』八木書店　二〇〇六年
高祖敏明校注『キリシタン版太平記抜書（一・二・三）』（キリシタン文学双書）教文館　二〇〇七～〇九年
折井善果編『ひですの経』（キリシタン文学双書）教文館　二〇一一年

あとがき

ハビアンの人生と思想に関心を持つようになったのは、山本七平の一連の著作に触発されてのことであった。一九七〇年代の後半、山本七平の追っかけをしながら、『空気の研究』などの発想をめぐって、時に直接に話し合う機会を持ったりしていた時期のことである。当時勤務していた日本女子大学で日本社会心理学会の研究大会を引き受けた際、特別講演をお願いしたこともあった。本当にいろいろな面で知的刺激を受けたと感謝している。

しかしながら、ハビアンについて、従来のさまざまな研究文献に目を通して自分なりに理解を深める努力を始めたのは、一九九七年秋に京都大学から京都ノートルダム女子大学に移って以降である。カトリック系の大学であることから、図書館の書庫にキリシタン関係の資料が眠っていた、ということもある。また、カトリック系の大学に籍を置くことで、私自身のなかにあった宗教的な領域への関心が改めて活性化された、ということもある。こうしたなかで、本書の各章の原型となる文章を、次のようなかたちでまとめてきた。

梶田叡一「カトリック教育の新たな展開――〝覚〟への出会いを目指して」『教育のプリズム』第三号〔学校法人ノートルダム女学院、二〇〇四年〕一―一四頁。

梶田叡一「ハビアン研究序説――南欧的キリスト教の〈布教〉と日本人知識人」『教育のプリズム』第四号〔学校法人ノートルダム女学院、二〇〇五年〕四〇―四九頁。

梶田叡一「キリシタンの信仰内容の再検討――イエスの教えでなく当時の南欧的コスモロジーの受容だったのか」『マラナタ』第一三号〔京都ノートルダム女子大学カトリック教育センター、二〇〇六年〕四一―六〇頁。

梶田叡一「修道士ハビアンの信じたもの――〈ケレド〉との対比において」『マラナタ』第一四号〔京都ノートルダム女子大学カトリック教育センター、二〇〇七年〕七九―一〇七頁。

梶田叡一「修道士ハビアンの信じたもの――キリシタンにとっての〈救い〉とは何か」『マラナタ』第一五号〔京都ノートルダム女子大学カトリック教育センター、二〇〇八年〕五七―七六頁。

梶田叡一「キリシタン知識人ハビアンと林羅山の問答」『マラナタ』第一六号〔京都ノートルダム女子大学カトリック教育センター、二〇〇九年〕三九―五二頁。

梶田叡一「キリシタンの仏教思想との対決――修道士ハビアンの思想」『マラナタ』第一七号〔京都ノートルダム女子大学カトリック教育センター、二〇一〇年〕四九―六九頁。

梶田叡一「キリシタン修道士ハビアンとは何者か――毀誉褒貶から見えてくるもの」『マラナタ』第一八号〔京都ノートルダム女子大学カトリック教育センター、二〇一一九年〕四三―六五頁。

本書を執筆するにあたっては、上記のかたちで発表したものを再構成し、かなり大幅に加筆している。なお、『マラナタ』誌への発表の際には、京都ノートルダム女子大学カトリック教育センター宮永泉教授に毎回多くの点でお世話になった。ここに記して謝意を表したい。

私自身の〈第二バチカン公会議〉への関心、特に、カトリック教会がみずからの二千年にわたる伝統を現代的視点から根本的に再検討し、自己絶対視と権威主義的な基本姿勢を、そして聖職者中心主義という独善を是正し、イエスのメッセージの再確認を目指す方向を打ち出したことの重要性については、これまでさまざまな機会に表明してきた。

こうした私自身の基本姿勢は、五十年あまり前の一九六二年夏に、私自身が準備委員長を務めるというかたちで京都の聖母女学院を会場に開催した、日本カトリック学生連盟の全国大会でのプログラム内容に如実に現れている（蒔苗暢夫・長沼光彦編『京のキリスト教』〔京都ノートルダム女子大学、二〇一二年〕に複数の執筆者による紹介がある）。日本人と現代キリスト教の在り方との関わりをめぐっては、私自身のこうした長い年月にわたるこだわりがあることにも、ここで触れておきたい。

本書を一読していただければ、読者の方々は、私自身の個人的な内面世界の一端が如実に表れていることに気づかれるであろう。そうした私自身の内面の在り方と、どこかで触れ合う点を感じ取られた方々からの率直な反応を期待している。もちろん、そういう方々だけにとどまらず、なんらかの御縁でこの本を繙いていただいた方々からの忌憚のない御批判や御叱正を、虚心坦懐に受け止めたいと考えている。

本書がこのような形で公刊できるのは、創元社編集部の津田敏之さんのお陰である。ここに記して深く感謝したい。

二〇一三年　九月　北摂・箕面の寓居にて

梶田　叡一

著者紹介

梶田 叡一（かじた・えいいち）

1941（昭和16）年、松江市に生まれ、米子市で育つ。
京都大学文学部哲学科心理学専攻卒業。文学博士。

国立教育研究所主任研究官、大阪大学教授、京都大学教授などを経て、京都ノートルダム女子大学学長、兵庫教育大学学長、環太平洋大学学長などを歴任。2014年4月からは、奈良学園大学学長。

この間、第四期・第五期中央教育審議会副会長（教育制度分科会長・初等中等教育分科会長など）を務める。

著書として次のようなものほか多数。
『自己意識の心理学』〔東京大学出版会，1988年〕
『意識としての自己——自己意識研究序説』〔金子書房，1998年〕
『和魂ルネッサンス』〔あすとろ出版，2009年〕

不干斎《ふかんさい》ハビアンの思想《しそう》
―― キリシタンの教《おし》えと日本的心性《にほんてきしんせい》の相克《そうこく》

2014年4月10日　第1版第1刷発行

著　者　梶田叡一

発行者　矢部敬一

発行所　株式会社　創元社
本　社　〒541-0047大阪市中央区淡路町4-3-6
TEL.06-6231-9010（代）
FAX.06-6233-3111
東京支店　〒162-0825東京都新宿区神楽坂4-3
煉瓦塔ビル
TEL.03-3269-1051
http://www.sogensha.co.jp/

印　刷　亜細亜印刷株式会社

ISBN978-4-422-14391-0 C1016